劉台平◎著

暗戰

透視國民黨戴笠的特務組織藍衣社及中美合作所於抗戰與美日戰爭中的精彩情報戰

目　　錄

出版說明

其他

簡介

一、中美合作所簡介

二、戴笠與梅樂斯將軍

第一章 到中國去 / 001

繞地球一圈 / 001

特殊任務 / 003

被監視 / 007

蓋世太保 / 013

第二章 高手過招 / 016

狼群 / 016

與狼共舞 / 021

死亡線 / 026

第三章 決戰密碼 / 031

破解密碼 / 031

神秘貴客 / 033

爭奪「紫碼」/ 035

第四章 虎！虎！虎！／０３８
黑色煙幕／０３８
潛伏／０４１
獵殺／０４４

第五章 聯手出擊／０４９
敵人？同志？／０５０
雙贏？雙輸？／０５２
戴梅合作／０５６
交心／０５７

第六章 上前線／０６１
到敵後／０６１
迷樣東方／０６６
一顆中國心／０６８
打鬼子／０７０

第七章 剋星／０７４
閃電戰／０７４
持久戰／０７７
敵後勇士／０８２
耳目／０８４

第八章 血的考驗 / 086
警報 / 086
報仇 / 089
受傷 / 093

第九章 鋤奸 / 096
誰是內奸？ / 096
偽軍同志 / 099
牆頭草 / 102

第十章 鬥智 / 105
以敵養偽 / 105
偽為我用 / 107
如芒在背 / 110

第十一章 患難真情 / 113
和諧 / 113
求援 / 114
死亡谷 / 118

第十二章 較量 / 121
白人至上 / 121
遇刺 / 123
友誼 / 127

第十三章 魔鬼訓練營 / １３１
磨煉！再磨煉！ / １３１
一人一支槍 / １３４
六個好漢 / １３７

第十四章 無名英雄 / １４２
無字碑 / １４２
決戰大氣層 / １４５
海峽風雲 / １４８

第十五章 絕密任務 / １５０
飛襲烏圬 / １５０
調整部署 再殺日寇 / １５１

第十六章 豐碑 / １５３
偵譯佈雷 / １５３
跳島作戰 / １５６
埋葬日艦！ / １６０
偽鈔 / １６２
並肩作戰 / １６４
神鬼游擊 / １６６
反擊長衡 / １６７
突擊敵後 / １６９

第十七章 再創佳績 / 171
並肩殺敵 / 171
增援與抗擊 / 172
武德 / 173
動與靜 / 175
國士 / 176

第十八章 危機 / 178
道歉 / 178
向FBI學習 / 182
鋤奸 / 184

第十九章 亮劍 / 188
解密 / 188
天生高手 / 194
色戒 / 195
長江一號 / 198

第二十章 間諜王 / 201
雙面諜 / 201
大內高手 / 204
是敵是友 / 206
仁與義 / 207

出版說明

　　1941年12月7日太平洋戰爭爆發後，中美聯合抗戰，戴笠和梅樂斯作為雙方的特工主要負責人，聯合採取行動，為抗戰做過一些工作。

　　本書作者劉臺平先生，是英國倫敦大學亞非學院研究學者。他蒐集了第二次世界大戰期間美軍援華抗戰的大量歷史資料，經過整理，再現了1943—1945年中美兩國特工人員聯手襲擊日寇的敵後活動。主要包括：蒐集、偵譯、傳遞軍事及氣象情報，訓練特警部隊進行敵後破壞活動，開展對日心理戰、經濟戰以瓦解日軍士氣等等，對中國抗戰史的研究具有一定的參考價值。書中對戴笠的描寫存在一些溢美之詞，編者進行了一定的處理。

⊙戴笠與梅樂斯合影

⊙戴笠與梅樂斯檢閱中美所心戰與醫護女兵部隊

⊙戴笠與梅樂斯視察美式武器
⊙戴笠陪同中國戰區統帥蔣中正視察中美所總部

⊙戴笠與梅樂斯檢閱中美所特種訓練班部隊
⊙戴笠與梅樂斯檢閱中美所中方游擊隊

⊙梅樂斯與中美所中美雙方人員一起用餐

⊙盟軍中國戰區統帥蔣中正接見中美所美方官員

⊙1943年美戰略情報局局長鄧諾文將軍(右)訪問重慶,與戴笠

(中)及中國駐美副武官肖勃(左)合影

⊙1944年戴笠於中美所特種訓練班第四期結訓暨第五期開訓典禮講話

⊙中美所美方教官檢視忠義救國軍人員裝備

⊙1945年抗戰勝利後戴笠與中美所美方人員於上海國慶酒會合影

⊙中美所美方教官指導中方游擊隊員射擊訓練
⊙中美所美方教官指導中方游擊隊近身搏擊

⊙中美所特警訓練班美方教官進行偵察技術解說

⊙中美所美方人員訊問日軍俘虜

⊙中美所游擊隊騎兵訓練

⊙中美所游擊部隊機槍射擊訓練

⊙戴笠與梅樂斯由傳譯劉鎮芳(中)陪同檢查工作

⊙戴笠檢閱中美所部隊

簡介

一、中美合作所簡介

　　日本偷襲珍珠港後，美國參戰，美軍擬自中國大陸東南沿海登陸反攻，需瞭解相關氣象及水文資料，並蒐集日軍在大陸東南沿海軍事動態。美海軍軍令部密令曾隨艦駐紮大陸且瞭解中國事務的梅樂斯上校與國府商議合作事宜，中方指派戴笠接待，梅樂斯對軍統局組織規模、工作效率，以及戴笠領導當時舉世最大情報組織之統御能力印象深刻。兩國領導階層採納建議，同意展開合作，遂於1943年4月1日由國府外交部長宋子文及美國海軍部長諾克斯代表雙方領袖簽署協議，並於7月1日由美國海軍與國民政府軍事委員會軍事調查統計局共同組成中美所。

　　中美所任務包含執行情搜、氣象、電偵、心戰、游擊、運輸、秘密行動與通訊等任務，並開辦特警、攝影、醫療與外語等訓練班隊22個，提供先進美軍裝備技術。以游擊訓練為例，初期訓員以保送各部隊優秀人員為主，訓期約2—4個月，後期則以整營、整連入班受訓；訓練地點以別動軍、忠義救國軍及鐵道破壞隊的駐地附近為主，前後共計訓練我方作戰部隊4.9萬餘人、工作幹部1300多人。

　　軍統局代局長戴笠兼任該所主任，美國海軍梅樂斯上校擔任副主任，鄭介民、李崇詩及貝樂利（美方）上校3人任參謀長，潘其武及史密斯（美方）2人擔任主任秘書；總部設於四川重慶磁器口楊家山軍統局郊外辦事處（美方稱Happy Valley）。

中美所美軍在華服務人員包括海軍官佐、技術人員及陸戰隊士兵等，共計2286人，其中多數因日軍偷襲珍珠港，國難當頭，報國心切，從軍時有人甚至未滿18歲，最後虛報年齡而順利入伍。多數人完成入伍訓及專業訓練後，自願參加機密任務，在不知目的地與任務性質狀況下，僅接受短暫派前訓練即往赴中國戰場，開啟為期2年多的中美所任務。為維護任務機密，期間受命不得對外通訊聯繫，部分官兵家人至戰後才知悉在華經歷。

　　當時上海至香港之間的海岸線均在該所偵照與觀測範圍內，所搜獲的地面情報及氣象、水文數據，提供美海軍水面艦及潛艦運用。中美所中方幹員曾佯裝智障人士，在鐵路沿線遊蕩，伺機觀察日軍運補動態，再通報陳納德將軍所率美第十四航空隊實施轟炸。

　　中美所自1943年成立後，工作單位北自戈壁沙漠邊緣之氣象站、大青山別動軍，南至越南邊界；完成協助美軍從海上擊潰日軍，配合戰局，從陸上牽制日軍等任務。縱然由於軍事發展，美軍並未在中國登陸；但當時中美所控制沿海岸兩千里地區與保衛東南首善之區之努力，對美國太平洋海戰之勝利與對中國戰後之有利局勢貢獻頗大。

　　中美所的情報是第十四航空隊空戰勝利的關鍵，亦配合國軍收復福州，並首先提供美海軍有關日軍特種部隊挺進雷伊泰地區（Leytte Gulf）的情報，協助美軍獲取太平洋戰爭最大規模的雷伊泰大捷。

　　抗戰勝利後，美國海軍部公開讚揚中美所是美軍艦隊在西太平洋唯一的氣象情報來源，對盟軍勝利貢獻卓著；美《紐約時報》描述中美所是美國海軍在二戰期間最傑出的工作成果之一。

　　經統計，中美所任務期間平均每日截獲日軍電報450份以上，自1944年9月至翌年8月，總共截獲密電11.0537萬件；前後共計殲滅日軍2.4萬多人、擊沉日軍艦艇180餘艘、炸毀橋樑200多座

（如浙東交通要道錢塘江大橋）、摧毀日軍倉庫貨站270處，並且救援遇襲盟軍飛行員數十人。

美戰略情報局（OSS，中情局前身）為推動戰時在華情報工作，曾任命梅樂斯將軍兼任該局駐遠東總代表。中美所協議上明定當時中美雙方情報交換，有關美方送交中方之情報必須經過戰略情報局局長審認後方能進行。該局局長鄧諾文將軍曾於1943年12月赴重慶會晤戴先生，請中方同意該局在大陸其他地區開展地下工作，戴先生表達我方立場，要求該局在華幹員僅能在中美所節制下作業。儘管秘密人員情報合作未能順利推動，雙方仍合作搜研日軍戰略情報，以及遂行瓦解日軍戰鬥意志的秘密心戰作業，並在重慶成立中美情報訓練班。

依據中研院近史所張力教授訪談中美所老兵，獲告當時美方人員從事海岸觀測任務時，中方均派遣6—8人小組保護美員進出日軍占領區遂行任務，因此美員得在幾無戰損的情況下，在戰後順利返國。

1946年3月17日，戴笠因所乘飛機失事殉職，軍統局局長遺缺由鄭介民接替。中美雙方由潘其武、李崇詩和貝樂利等在上海會商，草擬「中美特種技術合作結束協定」，嗣後正式結束中美所任務。

二、戴笠與梅樂斯將軍

雙方合作前，梅樂斯將軍對戴笠先生一無所知，遂向美國相關政府部門打聽，然而不論是國務院，或是陸軍、海軍的情報部門，所告知的都是極為負面的形象，陸軍情報署甚至表示，戴笠曾弒

母，最好遠離戴某。梅樂斯懷著忐忑不安的心情，出發前往中國大陸。

梅樂斯抵達中國大陸後，為實地調查環境與軍情，由軍統局人員陪同，於1942年5月26日自重慶出發，化裝成教士與平民，到達福建浦城。戴笠已先在東南戰區，百忙中趕來相會，擬陪其至金、廈沿海觀測。軍統局沿海區域之敵後工作同志，化裝成各種身份不同之人，至浦城密謁戴笠，報告工作，請示方略，悄然來去。梅樂斯每就某一地區提出之問題，戴笠均予精闢分析，滿意答覆，使梅樂斯對戴笠之魄力與軍統局組織力量，有更深刻之瞭解，益增合作信心。

敵軍聞知戴笠在浦城，自6月初起，連日派機轟炸，戴笠指揮隨員救人救火，罔顧自身安全。某日，敵機十四架低飛追逐，濫肆炸射；梅樂斯腿部中五彈片，流血不止，戴笠倖免，為梅裹傷。6月9日，戴笠與梅樂斯避空襲於郊外田隴間，敵機臨空，戴笠從容鎮定，與梅樂斯商談訓練裝備五萬名游擊隊，打擊敵軍之計劃。

梅樂斯返渝後，即電華府，說明戴笠乃中國不在報端出現但卻最有力量之人，軍統局在敵後確具威力；如與其推誠合作，必能圓滿達成任務。否則，美海軍將無法在中國大陸沿海行動一步。7月24日梅樂斯面見史迪威，會談約兩小時，史迪威對梅樂斯之構想不表贊同，因為這將有違他的指揮系統。梅樂斯早就意料史迪威反對此事，但他強調維持中國戰力，將可牽制一百萬日軍，中國若是不保，日軍不僅將會進攻西伯利亞，還將威脅阿拉斯加、夏威夷、美國西岸等地。

1942年底戴笠向梅樂斯提出，由美國協助訓練刑事警察。擔任總教官者為美國聯邦調查局幹員Charles S. Johnson。第一期招收學員40名，由軍統局人事處由各訓練班挑選而來，分刑事警察和保安警察兩個系列，依美國方式訓練。梅樂斯以為：「戴將

軍如此熱切希望為其部屬施以現代化訓練，用最進步方法緝捕犯人，足證其乃愛國愛民尊重自由民主法治之標準中國官員；協助戴將軍訓練一批特種警察，授以類似美國聯邦調查局學校之教育，乃為對中國非常合理之服務，而且對蒐集情報與保密安全亦有幫助。」

中美所結束前夕，梅樂斯對中美所今後繼續合作問題特別熱忱關心；而其「以俄共為假想敵人，與戴將軍密切接觸，繼續精誠合作」之見解與理想，在當時美國致力「促進國共和談」之大前提下，以及部分人士「因為戴某堅決反共，而必須將他排除」之情勢之下，最終受到阻撓而無法實現。

戰後，梅樂斯於1945年8月22日在重慶向媒體簡報中美所之工作概況與成就；並答覆記者詢問「何以美軍深入敵後而殊少被俘與傷亡者？」曰：「美海軍人員系與華方人員並肩作戰，經常出入敵後地區；由於戴將軍一再命令部屬，儘可能維護美員安全，多方加以掩護與保衛，故被俘與受傷之情事不多。吾人在華工作，事無巨細，均與華方推誠合作，如無戴將軍與軍統局之協助，吾人實無法在華推動任何工作。」

1946年3月17日戴笠因飛機失事殉國，梅樂斯將軍在美聞訊至為悲痛。美海軍部準備以美國政府名義頒贈戴笠勳章，並指派代表梅樂斯趕赴中國參加葬禮，但是遭到馬歇爾將軍的反對：「如果對戴某，或他的繼任者給予任何幫助或是安慰，都會危害到他正在著手促成國共之間的微妙談判，因為戴某是著名的反共人物。」

馬歇爾甚至主張美國必須保持「中立的態度」，「不准有任何代表，代表美國去參加戴先生的告別葬禮」。梅樂斯其後在美國出版專書《另一種戰爭》中，述及當年情節，頗為戴笠不平，並認為這是對他的屈辱。

梅樂斯將軍曾表示：「戴雨農和那些最密切的工作人員，是我

在中國所看到的最有具體工作表現的正直人員,但是卻反而被人運用正當法庭所不可能接受的偽證,施以廣泛的中傷,甚至被一些對事實真相不求甚解的人,要把他從政治上消滅。」

　　據曾親身參與中美所聯誼會年會的淡江大學教授黃介正轉述,梅樂斯將軍夫人生前在家中客廳擺設戴先生遺照,遇有來訪中方人員,梅夫人循例要求訪賓向遺照行禮致意,充分顯現梅樂斯將軍與戴先生情誼深篤,及其家族對戴先生行誼之尊崇。

第一章 到中國去

繞地球一圈

　　梅將軍回到臥室，「我需要靜靜！」梅向老伴說。老伴很清楚什麼意思，點點頭轉身離去，順便把房門帶上，室內立刻安靜下來，但是梅樂斯的情緒卻久久不能平息。

　　他走到書桌前，打開抽屜，拿出一本相簿，映入眼簾的是一張張他與戴笠的合照。「才三年多呀！」然而卻已物是人非。梅樂斯的思緒又飄回到四年前，一個懷著遠大抱負的海軍中校，前往一個滿天烽火的多難國度——中國。

　　日本偷襲珍珠港時，整個南太平洋落入日本軍閥之手。梅樂斯將軍，那時還只是一艘補給艦的艦長，他的任務是運輸補給，當時麥克阿瑟將軍正苦守著菲律賓，極待援助。

　　梅樂斯被同僚公認為最佳的運補專家，許多艱難的任務都被他完成了，他點子很多，曾經異想天開地開艘船橫越太平洋，遠遠地開到南方，再經由托勒斯海峽和阿拉伯海、印度洋，朝菲律賓駛去。

　　梅樂斯堅信，這段路程都可以在白天找到隱藏處，然後招募一批熱情勇敢的志願人員，白天把船隱藏起來加上偽裝，晚上儘可能地小心加速航行，他們是很有希望一直開到馬尼拉灣口的。

　　當然，他也得承認，這條船到達目的地的希望雖然很大，但它開回來的希望卻不大。他回憶說：「如果真能送到一批有價值的補給，即使損失這一條船，那也值得了。」

　　他把這個想法的方方面面仔細考慮過後，便向上司李上校提了

出來。不到幾天，他告訴梅樂斯說，這個建議已經呈遞給了總統，梅樂斯猜想，大概是由海軍軍令部長金上將遞上去的。李上校甚至還告訴他說，總統對於這一想法「很感興趣」。

就在那一緊張時期，李上校升任海軍少將，梅樂斯也升任海軍中校。在他還沒完全習慣於他的新軍階時，他忽然接到通知，海軍軍令部長金恩上將要召見他。

在他到達他的辦公室時，只等了幾分鐘，便由他的副官把梅樂斯傳了進去。上將抬起頭來，招呼梅樂斯坐到一張椅子上。

他立即告訴梅樂斯，海軍必須派一個人到中國去，「看看那邊的情形」。他解釋說：「李少將推薦了你，我們在那邊即將有一番艱苦的工作。」

梅樂斯還沒回過神，正要發問，上將又說：「你現在到中國去，盡快地建立起基地。盡你所能，替美國海軍在三四年內在中國的沿海地區登陸。同時，協助海軍，騷擾日軍。」

「可是，上將，」梅樂斯反對說，「我希望能到海上去。」梅樂斯認為自己是海軍，不應該上陸地。「這是給你的命令，」他斬釘截鐵地說，「機密命令，不能告訴任何人。現在去吧。」「是，是，長官。」梅回答說。他恭敬地站立起來。接下這紙人事命令，走了出去。雖然不久就要動身去中國，但他並不完全清楚究竟要去做些什麼？

他回到辦公室，同僚對他的委任無不感到不可思議，一位多年同事忍不住問：「我們在中國根本無一兵一卒，你怎樣去破壞日軍？在空中嗎？」

同事們嘩然大笑，可不是？怎麼執行這個任務？對梅樂斯而言，這真是一項不可能完成的任務，「管它呢！」梅樂斯不再瞎猜。他對此行雖然還沒有具體想法，但憑著多年來在中國的經驗，

他覺得總是有辦法的。他自忖：「實際上不就是讓日軍過不了舒坦的日子嘛！」

特殊任務

梅樂斯領受了命令，回家告訴老伴：「你記得中國駐美武官肖勃嗎？」老伴望著梅樂斯神秘的眼神，心中猜到大概有什麼讓他興奮的事發生了。「你說吧！是不是要讓你上戰場了！」「對！但不是當艦長，是去中國！」

「去中國？」老伴驚訝萬分，半輩子在海上的老伴，為何要去中國大陸？「是去中國海域嗎？」老伴故意反問。「不是，是去中國陸地打游擊。」

老伴露出難以置信的神情：「不會吧！你是海軍，怎麼會到陸地上呢？」望著愛妻睜得圓鼓鼓的大眼睛，一臉的質疑，梅樂斯把老伴拉到身邊，耐心地說：「這事就是由肖勃牽線的！」他把早上在辦公室的那件事告訴了愛妻。「但是你是海軍只會海軍的事，部長又不是不知道！」老伴還是不信。「就是因為需要海軍去完成，所以這件事部長是真的同意了。」梅樂斯拿出委任令與許多資料，他揚了揚手中的一份資料：「上面讓我與中方負責人戴笠接上頭。」梅突然神秘兮兮地湊在老伴臉旁道：「他是中國最大的特務！」「這是怎麼回事？你不是跟肖勃打交道嗎？他怎麼會當起特務呢？」梅樂斯望著老伴獰笑地回答：「你說得不錯，我們都被蒙在鼓裡，其實肖勃就是軍統美國站站長。肖勃是軍統裡的外交家，公開身份是中國駐美大使館的武官。」

老伴真的有點不敢相信，她對肖勃印象很好，對他太太也印象頗佳。

梅樂斯幾天後見到了肖勃。他一見到梅樂斯的面就笑著說：「恭喜梅中校啊！」梅樂斯沒好氣地回應：「這都要感謝你啊！讓我成了海軍陸戰隊！」「你不是曾經幹過這差事嗎？」肖勃笑著說。「但是我不知道要跟你們最大的特務打交道啊！」梅樂斯也神秘地笑著說。一聽到這話，肖勃收起了笑臉，表情嚴肅地說：「不要瞎說，他只是一個委員長身邊的安全人員罷了。」

「你才瞎說呢！」梅樂斯不容肖勃搶話，反唇相譏道，「其實我還知道你是他的部下呢！」

肖勃的臉刷地變成白色，笑容霎時間凝結成塊，他盯著梅樂斯許久，臉上又逐漸恢復了笑意，他徐徐地小聲回答：「不多說了，好好準備一下吧，你見了他什麼都會明白的！」肖勃隨即向梅樂斯告辭，在起身前他加了一句：「他是個好人！」

說起肖勃，梅太太跟他也很熟，在兩家的交往中，梅樂斯夫婦逐漸知道在中國抗戰期間，軍統的幾件大事都跟肖勃有關。

首先是「日本海軍可能偷襲珍珠港」的情報，是被軍統首先截獲並破譯的。1941年冬珍珠港事件發生的前幾個月，軍統局電訊處擔任日本密電碼的技術研究室從日軍空軍的調動和種種部署中，偵譯瞭解到日本空軍準備在太平洋地區進行活動。

偷襲一事經中方分析，是千真萬確的事，並非謠傳，軍統不敢大意，經過蔣介石的批准之後，便把這一情況通知肖勃。此情報就是由肖勃透過中國駐美大使交給美軍方的。由肖勃轉告駐美武官郭德權，並分別告知美國防部有關人員，叫他們注意日空軍的活動。

據說當時美國防部一些負責的將軍們聽到這一消息，不但捧腹大笑，不相信有這回事，還認為國民黨政府在有意挑撥美日關係。

以後軍統不斷地得到了這方面的情報，連續告知肖勃轉告駐美武官郭德權，這時他們都不好意思再去正式通知美國防部，而只和

與他們有些私人關係的個別美軍軍官談談，同樣也只是引起他們笑笑。

可惜的是，美方不但不相信中國的諜報人員有這種能力，反而懷疑是中國有意挑撥日美關係，結果這麼重要的情報，肖勃每次說到，總是對梅樂斯抱怨：「居然沒有發揮作用，令人扼腕。」

等到12月8日日空軍偷襲珍珠港成功，美在太平洋的艦隊遭到了沉重的打擊，在被炸之後美國才開始重視中國情報，美國的許多將領才想到幾個月前郭德權告訴他們的情況，不是憑空捏造出來的，這才去找他，問這一消息的來源，才知道是軍統局偵譯到的。

梅樂斯與肖勃是好朋友，所以海軍部長要梅找肖勃，部長說：「請肖勃出面安排你去中國的事。」

肖勃自然第一時間將此事彙報給軍統，使戴笠有機會越過海軍、大使館等方面，直接把梅樂斯作為軍統的客人請到中國，並予以熱情接待，因為透過梅樂斯可直接向美國海軍方面提出進行情報合作的計劃。

戴笠認為：「這是與美國交換情報的最好機會。」

美國特工部門一方面與肖勃進行聯繫，一方面叫駐重慶大使館武官迪帕斯上校就近和軍統直接接洽，以便在對日作戰中透過軍統這一組織從事他們所需要的情報活動。

迪帕斯和戴笠第一次見面就對戴笠所領導的工作大為稱讚了一番。戴笠感到很榮幸，除了電告肖勃應抓住時機加緊在美國活動外，還在重慶曾家岩住宅中設盛宴招待迪帕斯，邀請軍令部二廳廳長楊宣誠、副廳長鄭介民，航空委員會主任周至柔，以及他的好友何世禮、伍仁碩等作陪，戴笠交代：「盡力向迪帕斯誇耀我在抗日戰爭中的『功績』，和對中美兩國傳統友誼的崇敬心情，讓他給五角大樓說些好話。」

戴笠知道，他與軍統的形像在華盛頓不太好！

當重慶的中美互動開始時，梅樂斯正展開跨洲之旅。他的遠東之旅漫長而危險，太平洋被日本控制，大西洋被德國騷擾，兩洋都不安全，最安全的是繞遠路。

原本從美國去中國最近的路線是往西走，也就是飛越太平洋，但是太平洋已經淪陷於日本人，因此不能橫過太平洋，只能朝東走。梅中校於1942年4月5日離開紐約，由西向東飛往中國，到一個對他而言充滿未知數的陌生國度，開始與一個「聲名狼藉」的蓋世太保為伍。

巧得很，與梅樂斯同機的還有名記者艾德加·斯諾及各類軍事人員。

往東走也不能大大咧咧地穿過大西洋，因為有德國的潛艇在途中偷襲，他們只能沿著加勒比海往中美，再往南去南美的巴西短暫停留，然後穿越南大西洋到達非洲，再北上至開羅，再到巴基斯坦的卡拉奇，又途經印度孟買、斯里蘭卡的科倫坡、加爾各答。

在那裡，他又遇見駐重慶海軍武官麥克胡及美國駐華大使高斯，他們兩人剛剛到新德里與美國的高級專員會談完畢，候機駕返重慶。一大幫人又加入了這一行人。

梅樂斯意外地遇見高斯，「原來他就是高斯大使。」梅樂斯與他們不期而遇，卻一同前往中國，梅從來不曾見過高斯大使，但誰知道未來幾年梅樂斯受夠了高斯的氣，最後甚至被安上「不名譽」的罪。

當麥克胡——這位大使館裡的武官兼軍校同學告訴梅樂斯，他可以隨大使同機赴重慶時，他覺得十分高興。那是將在最近幾個月中由印度飛往中國的最後一架中航飛機，別人對他說：「由於日軍占領緬甸，以後再也不會有直達的飛機了。」梅樂斯還沒到中

國，已隱約感覺到戰爭帶來的緊張與沉悶。

飛往重慶的全程約1400哩。他們乘坐的飛機是中國國家航空公司最後一架經曼德勒飛往重慶的飛機，飛機不得不飛越緬甸，因為日本人已經控制了那裡的機場。

當梅樂斯他們的駕駛員打算在中途的曼德勒小停時，機場上竟有炮火對他們射擊，原來日軍已經到了，他們立即繼續往前飛，大約三個小時，在昆明降落加油之後，又費了兩個小時將輔助翼上一個小洞補了起來。梅樂斯在日記中寫道：「這架飛機好像是紙糊似的，隨時會四分五裂。」

然後，他們一行再度起飛，向北向東，一路上望去都是群山峻嶺，飛機沿著河谷飛行。最後看到了嘉陵江面，那條江水在重慶與長江匯合，重慶郊外，房屋鱗次櫛比，沿江岸而建。他們降落在一座低而平的小島上，像沙堆一樣，唯有在淺水期才能供飛機起落，沙坪壩機場到了。

這片小島上除了一條跑道之外便沒有什麼多餘的地方了，但那條跑道用幾千塊粗石放在沙裡建成的，修得頗為堅固。

飛機在昆明著陸，然後在嘉陵江上空驚險地飛行之後，最終到達重慶。

被監視

在跑道盡頭有一座茅草頂子的房屋，那裡面便是入境檢查處與海關辦公室。現在在太平洋與大西洋兩岸，正在進行著古往今來最偉大的海戰，梅樂斯因為來到中國的大後方而不能參加海戰，心中不無遺憾。可是當梅樂斯的足履踏上這一小島上的沙礫頑石時，卻有無限輕鬆之感。他說：「我又回到中國了！」

在茅草蓋起的海關棚子裡，有位穿制服的人走來，小心翼翼地看了梅樂斯從加爾各答接受的書面命令，然後檢查了他唯一的一件行李——那個綠色的長形手提包，其中裝著他的衣物與海軍槍炮廠交他帶來的「重要無比」的水雷。

那位據他猜想大概是海關官員的人，又和他手中拿著的一片紙頭上寫的話查對了一番。

一名官員將梅樂斯拉到一邊，問他是否認識中國駐美武官肖勃。「你認識蕭信如上校嗎？」他問梅。可是他的臉望著地面，用他的腳尖在沙上寫「戴笠」兩個字。一抬頭，他看梅樂斯正在瞧著他，就用腳把它抹平了。

「是的，我認識蕭上校。」梅樂斯答。

梅樂斯原以為可以從他那兒聽到什麼，哪怕是一個信號，但是沒有。他一言未發，就消失在人群中了。梅樂斯在那兒站了一會兒，再也沒有別的人來和梅樂斯談話。他只好拿起手提包來，但一時又不知道去什麼地方。

那人顯然是戴笠的特務。在他把梅樂斯從其他旅客中拽走之前，另外一位他的好友也是軍校同學麥克胡上校，向梅樂斯表示願意用自己的房子來接待他。但梅樂斯已經決定與使館人員和阿爾岡·路瑟領導下的情報局使團保持距離，於是他跟著戴笠的司機去了當地的一個旅館。

麥克胡上校邀請梅樂斯和他住在一起，梅樂斯向他道謝，不想那樣麻煩他。現在，如何在這人海茫茫的大城市謀一處棲身之地，全要看梅樂斯自己了。

恰巧有位魯賽先生來機場迎接高斯大使等。別的乘客都各有安排，唯有梅樂斯不知所從。魯賽就順道把他送到重慶市中心的嘉陵賓館。

一到重慶就找到了安身之處，梅樂斯當然很高興。不過他馬上就發現，這家旅店情況有待改善。那是一個很骯髒的地方，供應的西餐簡直令人難以下嚥，不過他倒沒有挨餓，他很喜歡從街頭的擔子上買來一碗一碗的熱湯麵、擔擔麵。

再者，旅館中的茶房都很和氣，像普天下的中國人一樣好客。他們供應給梅樂斯的飲用水源源不斷，他的床上居然還掛著一張蚊帳。不過，不幸那蚊帳上到處都是洞，而房間裡則到處都是蚊子。

此時令梅樂斯掛慮的是不曉得如何與戴笠接頭。在機場問他是否認識蕭上校的那個人，特別令他迷惑。他的問題，再加上他在沙上寫的字，顯然表示戴笠本人或至少是他的高級助手，已經得知梅樂斯到了重慶。之前重慶給蕭上校的電報曾說，只要梅樂斯到達以後，戴笠將軍自然會接待他，現在他卻連究竟能否見得到戴笠也沒有把握了。

他到重慶的第一天，可以說什麼事情也沒做。每過一小時，梅樂斯心中的不耐煩就增加一成。本來梅樂斯應該立即去晉見大使，結果他也沒有去。

後來他才曉得，當時就因為他什麼事也不做，反而對他大大有利。原來戴笠已經在暗中密切地注意他了。他曉得梅樂斯是與高斯大使和麥克胡上校同機到達重慶的。他們兩位與外間往來的人物之中，有些是戴笠認為可疑的。梅樂斯正巧和他們同機，所以，儘管蕭上校過去曾提出許多對梅樂斯有利的報告，戴笠仍然要親自瞭解他這個人。

梅樂斯想：「我不知道如果當時我察覺已經被人監視，我會怎麼辦？」但正因為他心中一點猜疑也沒有，而且過去又毫無從事情報、安防之類工作的經驗，所以他的舉止十分自然。

梅樂斯回憶他十分運氣沒有接受麥克胡上校的邀請和他住在一

起。「因為他常常在寓所中接待英國軍官，而戴將軍對英國人是極不信任的。」

另外一件事也可以說是他的好運，正由於旅館中的西餐太差，梅樂斯寧願從街上面挑子上買擔擔麵吃。又因為他講的廣東話沒有人聽得懂，所以無論到什麼地方，都只得很吃力地結結巴巴講他所學過的幾句漢語。

這一類的行動，梅樂斯既非有意，更沒有經過預習，但卻有人一五一十地報告到戴笠那兒去。戴笠的解釋則是：「這些都顯示出梅樂斯這個人樂於接受中國人辦事的方法。」

第二天一早，梅樂斯想到他所奉的命令是一到重慶便要向大使報到。於是他便先去看麥克胡上校。當他們同機來重慶時，他曾在旅途中告訴了他家的地址。梅樂斯離開旅館時，原想叫一輛人力車前往，大門前有十來輛車子停在那兒，但他說：「當我要叫車時，忽然有一輛停在附近的褐色雪佛蘭牌的汽車，發動了引擎開到了他面前，車門打開了等他上車。」

梅樂斯已完全明白自己已再被監視，想也沒想就上了車。路並不遠，一下子就到了。

上校正好在家，梅樂斯把情形和他一談，他也同意梅盡快去看大使，並且約定了第二天下午他陪他一起去。

他們又談了一陣子，當他告訴梅樂斯菲律賓的炮臺山已經陷落的消息時，他覺得萬分沮喪。「炮臺山是馬尼拉灣中的要塞，為美軍在菲律賓最後的據點，今後如何再找這麼好的據點？在中國嗎？」梅樂斯腦子裡在想。

當梅樂斯告辭時，他約梅下午再碰頭，他要為梅作簡報，說明抗戰中的中國局勢，還要帶他看看重慶的風光，梅樂斯道謝之後，仍乘著那輛雪佛蘭車回到旅館。

當天下午，麥克胡來接梅樂斯，他要梅一同去拜訪一位海軍的楊宣誠將軍，他是軍事委員會主管情報的首長。麥克胡在華工作經驗豐富，而且會講好幾種中國方言。在路上，他告訴了梅樂斯一些有關那位將軍的事。當楊將軍接見他們時，依中國人之禮，並按照他崇高的軍階與身份，對他深致敬意。

談話中，梅樂斯提到希望能見到戴笠將軍，因為他受人之託，替他帶來一些包裹。楊將軍極為和藹，願意立即帶他們去見他，梅樂斯當然求之不得。可是，當他們到門外走上楊將軍的座駕時，梅樂斯回憶到：「大出我意料之外的是，那正是我當天早晨坐過的褐色的雪佛蘭，連司機也是同一個人。」

這輛車還帶梅樂斯、麥克胡上校和楊宣誠將軍去了戴笠的一個秘密住宅，「一個有點像迷宮的房子」，穿過一個又一個狹窄的通道後，他們終於被帶到了一個客廳，被告知在那兒等著戴笠將軍。「這些事情我卻一點也不知曉。」梅樂斯事後回憶到。

在車上，梅樂斯沒有注意是朝什麼方向走的，最後轉入一條窄窄的小巷。然後，楊將軍帶梅樂斯進去，把他們介紹給戴笠的一位助理人員，然後就先行告退了。這一點也令梅樂斯稍感驚異，因為楊將軍的軍階高於戴將軍，卻好像以屬下自居，「這是什麼原因呢？」梅樂斯自問，但是無解。

隨後他們被引領著曲曲折折進了如迷宮一般的房子。梅樂斯回憶：「我們大概穿過了六七座房屋才到達一間會客室。我猜想，如果沒有人引領我們，恐怕我們要費很大的事才能摸得到走出去的路徑。」

戴笠讓他們等了不到一分鐘，就帶著笑容走了進來，露出了他口中的一嘴金牙，他是一個略顯壯實的人，身材比梅樂斯稍矮，大概在五尺七寸左右，他穿著卡其布料的中山裝，熨得很平；上衣紐扣一直排到領口，上面有翻過來的底領。

「他的樣子看起來似乎比照片上要老些。」梅樂斯想到在蕭上校那兒見到過他的照片,「他的目光炯炯有神,更非照片所能顯示出來」。那天戴笠穿一身中國官員最時興的中山裝黃馬褲毛呢便服,上裝扣到脖下,燙得非常平整。

　　梅樂斯想:「我所見到的照片中沒有一張暗示過,他那雙分得很開而且犀利生動的黑眼睛。」「他說話很快,常常講對我來說不知所云,甚至連麥克胡也不熟悉的方言。」好在那個與將軍一起進來的翻譯輕車熟路,使這次談話十分順利。

　　「歡迎歡迎!」他講話很快,方言口音很重,梅樂斯一點聽不懂,幸虧跟隨戴笠走進來的翻譯官十分稱職,使賓主交談甚歡。戴笠逐一跟大家握手後就示意大家坐下。

　　梅樂斯此行帶了兩件小禮物,一件是蕭上校托帶的明諾克斯牌照相機;一件是他的贈禮,一把零點三八口徑的自動手槍。這把手槍和他自己佩戴的一樣,戴笠很喜歡,馬上也將它佩戴起來。「從那時開始,一直到他後來飛機撞山罹難,他一直都帶著那把槍。」梅樂斯感慨萬千地回憶。

　　賓主彼此寒暄著。在談話中戴笠對梅樂斯一家瞭如指掌,梅樂斯時時驚奇,「究竟蕭上校在書面報告中提供了多少有關我的資料?」梅樂斯自己問自己。

　　戴笠問到梅樂斯的兒子,一個一個都叫得出名字來;他也問到梅樂斯的汽車,連牌照都清楚,曉得「車上漆得有中國名字,車身顏色是藍的」。令梅樂斯震驚不已:「我真的掉進了特務的牢籠裡了!」

蓋世太保

　　會見中，梅樂斯感到自己一直被戴笠審視著，他尤其對美國海軍軍官們在科倫坡滯留感到好奇，那裡是英國的盟國中國──緬甸──印度戰區總部的所在地。

　　梅樂斯後來意識到，這說明戴將軍對美國人可能很接近英國情報機構而感到擔心，後者在那時剛被擠出中國。

　　但是顯然，梅樂斯感覺他很讓他的未來中國合夥人放心，特別是在他表示想讓戴笠替他在中國人控制的領土上安排旅行時，因為戴笠在結束談話時雖然沒有肯定同意他的要求，但戴笠卻向他保證，等官邸原來的人一騰空，就會給他一個單獨的住處。

　　但是梅樂斯不想讓戴笠安排住處，他把這個意思透露給翻譯，卻出乎意料地被他的翻譯否決了。

　　「不要拒絕！」翻譯劉上校回答說，「不要那樣做，」他的話很出乎我的意料，「你要曉得，連其他國家的將軍、外交官也都由戴將軍安排」，他頓了一下，想了想，好像我並沒進入狀況，就主動地決定了：「你並不曉得這件事的詳情，既然只有我瞭解這件事的原委，還是由我來處理吧。」幾天之後，重慶的覆電由美國大使館轉到梅樂斯手中。電文中說，蔣委員長對於梅樂斯要來中國表示歡迎，並指示由戴將軍照顧他。

　　「看來是逃不過戴將軍的手掌心了！」梅樂斯悄悄問劉上校，「戴將軍到底是誰？」

　　「他是蔣委員長幕僚中一位極重要的人物，官階是少將，」劉上校慢條斯理、不帶感情，宣讀式地答道，「他是個好人，可以為你安排一切。」

　　「我聽說他是中國的頭號特務？」梅樂斯小聲好奇地問。肖勃上校在梅樂斯出發前也告訴了他，戴將軍是中國兩大安全組織之一的主持人，因而具有無遠弗屆的權力。

「不要這麼說！」劉上校有點心急地小聲而嚴肅地回答：「戴將軍是個忠誠愛國的軍人，也是委座的好學生！」然後，劉上校就對梅樂斯大談戴笠，關於他作戰的決心，關於他狂熱的愛國心，以及他對於蔣委員長的絕對忠誠，他是蔣委員長主持的黃埔軍官學校的學生。

　　梅樂斯跟其他外國人一樣，因為相信這種說法的外國人似乎不多，尤其是美國特務機構、使領館也提供了訊息，梅樂斯也從美方國務院以及陸海軍情報署裡，找到了一些有關戴笠其人的資料。打開來竟讓他大吃一驚，兩方對比之後看結果令他十分洩氣。

　　根據這些資料，細節大體沒有什麼出入，結論更是如出一轍，其中都說戴將軍是一個出名的刺客，又說他是一個與「蓋世太保」類似的秘密組織的頭目，那組織在上海一帶被稱為「藍衣社」。而且，他主持專門囚禁政敵的「集中營」。據說，他非常不喜歡外國人，因此，絕少有外國人能夠見到他的面。

　　這些幾乎都形容他是一個「罪惡」的人，任意對人施以鞭撻。其中有一個資料，竟說他曾殺害自己的母親兩次之多。當然，這最後的一段是絕對無法相信的。

　　不過，梅樂斯回憶：「我看到有一件報告，上面有他在海軍軍官學校同班同學麥克胡的簽名，他當時仍在重慶。他的報告內容等於說，戴將軍是一個『聲名狼藉』的人。」

　　梅樂斯不愧比一些中國通還中國通，他深深瞭解中國，當時國民黨的特務組織，與一般國家情報機構有一根本的不同點，這就是他們是一個政黨的黨屬情報組織，更確切地說在本質上它是為蔣介石政治集團服務的特務組織。

　　梅樂斯獲悉，戴笠與他的軍統局因其工作性質及其作為所決定，除了在社會上名聲不佳外，在國民黨內也是一個不受多數人歡

迎的對象。提起戴笠和軍統局，人人多存恐懼，唯恐躲避不及，即使是一般得寵於蔣介石的派系，多對戴笠亦敬而遠之，生怕惹上麻煩。

據說，當然，其中也有與戴笠關係密切者，以及自恃權勢對其不買帳者。而戴笠本人，雖然個性狂傲，但他平時也很注意努力與黨內各派系大員特別是蔣介石的親密左右搞好關係，以為自己和軍統局鋪墊前程創造方便。

但在對付黨內政敵方面，戴笠處理手腕高超。據周邊屬下的描述，他對原則性是「毫不妥協與留情的」。

第二章 高手過招

狼群

在戴笠的一頓豐盛晚餐後，侍者端來餛飩、糕點、花生、極品茶和一種印度果實，後者是戴笠最喜歡的。

這些開場的環節一一就緒後，戴笠就開始問梅樂斯來重慶途中經過印度的情形了。「梅樂斯先生為何繞道印度呀？」他外表仍然彬彬有禮，但梅樂斯從他話音中聽得出來：「他對於我沒有直接到中國來，似乎有點兒不滿。」

梅樂斯急忙解釋道，他沿途停留乃是為了安排已在途中的各種物資給養，好讓它們順利運到。同時，一路計劃無線電通訊的方式以及以後應採用的最有效的航運路線。戴笠仔細傾聽並頻頻點頭，但臉上始終閃現著狐疑與不安。

他又問：「梅中校前往科倫坡目的何在？」

那時候，梅樂斯還不曉得戴笠對英國人極不信任；當然他也無從猜到英國有一個與梅樂斯任務相似的代表團，正逐步撤離中國。

梅樂斯充滿了信心地解釋，他說他之前前往錫蘭，是為了會晤美國海軍的李斯上校，他可能對新建無線電波音站和轉運物資很有心得。梅樂斯的說辭好像並無多大說服力，關於梅樂斯去科倫坡的問題，一經梅樂斯解釋之後，戴笠仍疑慮重重，但梅樂斯總結的一句話打動了戴笠：「但是這個站對我們的合作大有幫助。」這句話讓戴笠扭曲的眉目終於舒緩開來。

戴笠的不快之色很快就消失了，連他的音調也似乎轉變了。「戴將軍並不太難應付啊！」梅樂斯開始發現之前對他的一些評價

似乎有商榷的空間。

他們大概談了一個多鐘頭。談話中間梅樂斯一再發現，他的好友蕭上校對他的報告是多麼詳盡。同時，他也把他過去與李將軍和梅樂斯討論過的那些計劃，極正確地報告上來。

梅樂斯發現，麥克胡上校過去雖然寫過對戴笠極不友善的報告，可是，今日之會，也使他對這位目光敏銳的將軍觀感一新。

當雙方說話時，主要是梅樂斯和戴笠對答，麥克胡說話極少，梅樂斯敢說他一定不斷地把說話的情形以及他的印象都記在心裡，以便將來再寫報告。戴笠當然也瞭解這一點，可是他坦然自若。

戴笠在梅樂斯告別時忽然說：「也許梅樂斯中校樂意另外換一個住的地方。」

對突如其來的建議梅樂斯沒有心理準備。他感覺：「我說不出是什麼理由，但我感覺到這已經通過了他心目中對我進行的考驗。」當然，他還是很小心的，不願把輕鬆得意的神情表現出來。他只說：「的確應該如此，酒店實在太糟了。」

「梅中校是願意住在城裡，還是到城外去？」他又問。

「那都沒什麼關係，」梅樂斯說：「因為我希望今後要常常出門去旅行。」

梅樂斯這話完全是放一個探測氣球，這是對戴笠的測試，看看他會不會監視甚至軟禁梅樂斯，他急於想聽到下文是什麼。他也希望麥克胡聽一聽，因為他曾警告過梅樂斯不止一次，他認為戴笠不會容許他離開重慶。

「好的，我們來安排。」戴笠毫不遲疑地告訴梅樂斯，「我們該去看看我為你選的房子，我沒去過。現在還沒弄好，在兩天之內你就可以搬進去。」

梅樂斯說：「我雖沒有任何明確的理由，卻有個印象：他所說的有關房屋的話，恐怕是就在他們會談當中才臨時想起來的。」

兩天之後，當梅樂斯去看房子時，令他大大驚奇的是，戴笠為他選定的房子竟是前任重慶市長的官邸。當時住著的是衛戍司令，戴笠告訴梅樂斯「那位現住人很樂於遷讓到別的地方去」。

「這太神奇也有點恐怖！」梅樂斯回憶起初次見戴笠時的點點滴滴，感覺好像一部傳奇電影，他居然成了故事裡的主角，一個月前還是一艘補給船的船長，一個月後他竟然代表美國海軍，到萬里之外的東方文明古國——神秘的中國，與最有權勢的特務頭子一起飲宴，談著兩國合作抗日的國家大事。

「真有點時空錯亂的感覺」，梅樂斯有點不能相信，但他真的在一步步地進行，深信上帝的梅樂斯回到酒店，腦子中還想著晚餐的一幕，「是好是壞沒人說得準」，「把一切交給上帝吧！」梅樂斯連澡都沒洗就一頭栽在床上。

幾天後戴笠撥給梅樂斯住的公館正是「神仙洞」，原重慶市市長的住宅，先是讓已離去的美國密碼專家亞德雷住，後來成了重慶警備司令的公館。梅樂斯搬進神仙洞時，翻譯劉鎮芳傳達戴笠的邀請：「搬入神仙洞的那天，戴將軍同時將邀請梅樂斯參加戴將軍的全局大會。」

當然，這使梅樂斯深為感激，更讓他感動的是，當兩天后他被領到重慶最高的山頂上，望見那座壯麗的大廈，一位譯員告訴他說，它有個中文名字，可以譯為英文的「神仙洞」。他回答：「這裡簡直像一座天堂。」

第二天上午梅樂斯再去時，原住戶尚未搬走，他並不曉得戴笠之後親自來查看，並等了梅樂斯好幾個鐘頭。他再來時，才知道原住者已火速搬遷了。梅樂斯事後有點懊悔不該不通知劉翻譯就去看

房子的,「也許原住者還沒找到新的落腳之處呢?」

神仙洞這座大廈不僅都讓梅樂斯居住,而且還有很多隨員,兩位軍官擔任梅樂斯的譯員和聯絡官,一個廚師,還有一個園丁,一輛專用汽車。由於日機常常轟炸重慶,神仙洞裡有一處防空洞,曾經被兩千磅炸彈直接命中卻依然屹立。

梅樂斯的翻譯官中,一位梅樂斯稱他潘彼得,專譯廣東話;另一位劉鎮芳上校,則能說國語及其他方言和英語。梅樂斯暗自佩服戴笠:「還真是周到!」

戴笠幾天後又現身了,他在神仙洞四周到處留連觀望,嘴裡直誇這裡是最好的住所,「不會比美國的家差」。但他話鋒一轉建議梅樂斯,對外應該有一個化名,應該穿便服,要做到儘量不引人注目,梅樂斯猝不及防,只感覺:「我對這些建議略感意外!」但是最後仍舊沒能接受他的建議。「後來在中國、在印度都吃了很大的虧!」梅樂斯事後很後悔沒聽戴笠的建議。

梅樂斯在重慶與戴笠打交道的次數越來越多,對戴笠的為人也越來越清楚,每當工作之餘回到神仙洞,望著豪華的「宮殿」,心中無限感慨:「中國人真的對朋友很慷慨大方!」

參訪畢軍統總部,梅樂斯做了大量的記錄,匆匆回國,他向海軍情報署報告了與戴笠談判情況後,極力主張「和軍統先進行電訊偵譯方面的技術合作」,梅樂斯內心承認:「當初來中國是有私心的!」他企圖在合作過程中,把軍統局電訊處技術研究室所掌握到的,有關對日空軍密碼偵譯經驗交換過去,美方自己能夠普遍掌握到這方面的技術。

而代表中方的戴笠也有所圖,戴笠除希望美國方面多供應一些當時軍統所急需的無線電通訊器材外,更希望美國把它專搞密電碼翻譯的一個叫做「暗室」的機構與設備,分一部分到重慶來,以便

學到美國的那一套東西，而把自己所懂得的偵譯日空軍的一點經驗保留起來作為本錢，不讓美國特務學過去。

美海軍部批准了這一計劃後，於1942年夏秋間，梅樂斯率領十多名美國方面專搞電訊工作的特務來重慶進行籌備工作。在最初合作的階段，由於雙方各有一套自私的打算，始終是貌合神離，沒有法子合作起來，在工作上毫無進展。雖然雙方所派遣的人員不斷增加，但距雙方真正的目的卻愈來愈遠，中間還幾乎停頓下來，合作不下去。

不過在這時，美國特務部門卻漸漸瞭解到當時戴笠所領導下的軍統組織已遍佈國民黨管區每一角落，如果透過這一單位在中國進行種種特務活動是一個很不易找到的最理想的對象。

而戴笠則看到美國人比正在和他進行合作的英國人要慷慨得多，為了滿足軍統今後物資上的需要，這是一個最好的靠山。

當時的確為共同進行反法西斯戰爭而建立，但其實，當時中美合作有私心，並非為共同利益，而是為了美國或中國單方面設想，由於雙方都看出了對方的可利用之處，所以在進行電訊技術合作方面雖然彼此並不滿意，可是都不願輕易放棄這一機會，而企圖改變一下合作的方向，藉口擴大合作的範圍來獲取各自的目的。

然而畢竟戴笠與梅樂斯個人友誼不斷地增長彌補了國家的摩擦。兩人都對彼此的立場瞭然於胸，都願意捐棄私念，戮力從公，為早日打敗日本人而攜手合作。

1942年冬，戴笠和梅樂斯在重慶磁器口絲廠楊家山戴笠別墅中的一次談話裡，提到今後應進一步加強合作的問題。

當時美國最缺少的是日軍在中國與太平洋沿岸及沿中國海岸的一些活動情況，以及這些地區氣象、水文等方面的資料。軍統方面除了最需要的電訊器材外，更希望能夠得到美國的武器與交通運輸

工具。經過那次交換意見後，合作便立刻轉入一個新的試驗階段，而把原來所準備進行的合作項目擱置起來。

　　在國際反法西斯統一戰線中建立的跨國軍事情報合作機構在那時也並非只此一家。但是終能成功的也只有中美合作所，成功的關鍵在於戴梅兩人的私人友誼克服了種種障礙，由猜疑對抗變為合作互助的真誠聯手。

與狼共舞

　　「英美蘇法都是可怕的狼！它們都是一群可怕的、吃人不吐骨頭的狼！」這是戴笠的心聲，當梅樂斯與他熟稔後就經常聽他說，原先不以為然，等到自己被貶官又被綁架回國後，最後梅樂斯也有同感！

　　戴笠與這四國的特務打交道的次數數不勝數，最先是蘇聯，隨後是英國，接下來是法國，最後卻選擇了美國，合作也算最成功。「兩方代表人物的合作成不成功最重要！」戴笠有感而發。但是兩方人馬如何合作？他的心得卻與眾不同，他說：「雙方一定要坦誠、讓利、犧牲小我來完成大我！」多年後梅樂斯也有了這種看法。

　　首先戴笠接觸的是蘇聯KGB，那時由蘇聯駐華大使館提議，由蘇軍總參謀部與中國國民政府軍委會軍令部協商，建立中蘇情報合作所。所長由中方的軍令部第二廳廳長楊宣誠兼任，副所長中、蘇各一人，中方為軍令部第二廳副廳長、軍統局主任秘書鄭介民。

　　該組織由軍統局具體操作，主要偵收和研究日軍電訊密碼。蘇方提供了大批電訊器材。該所設於重慶城內來龍巷慶德里一號，另在南岸黃山上設有電訊偵測總臺，南岸黃山上建有供蘇方人員住宿

的兩幢宿舍。

回首1938年，是中國抗戰最辛苦的一年，國土大部分淪喪，軍隊潰敗得一塌糊塗，眼看著就撐不住了，在當年的10月13日，蘇聯駐華大使盧干滋由漢口赴重慶簽訂中蘇空中交通協定，道經桂林，戴笠於14日晚宴招待，席散閒話，盧先詳述蘇聯昔年抗戰的經過情形，再次極力鼓勵中國要抗戰到底，必得勝利。

「中蘇同樣有人多地廣的優越條件；惟須努力在抗戰中建立工業和外交，凡可能取得的幫助，不論大小，不問國家，都應爭取。」盧大使的話自是切合實情；但另一方面，必須中國抗戰到底，蘇乃可紓東顧之憂，戴笠認為將來中日兩敗俱傷，到時「更為蘇的大利」。

盧大使居心叵測，但卻善於偽裝。他也直言一向是支持國民政府的，也非常尊敬蔣委員長的，如蘇聯數年前即勸中共應服從蔣，使中國統一。但戴笠卻發現蘇聯暗中支持日本，蘇所提中蘇互不侵犯協議，久無結果，就是覬覦中國的土地。到七七事變後，才得簽訂。但中蘇軍事互助協議蘇聯說什麼也不能簽，因簽後蘇聯便須參戰。

然而蘇聯始終聲明幫助中國抗戰到底，這種空話沒有一天斷過。

中蘇合作也有段蜜月期，成立不久，因蘇德戰爭爆發，蘇聯無暇東顧而漸少過問。盧該月15日離桂；翌年7月在高加索乘汽車失事，夫婦一同遇難逝世。

軍統局也認為蘇方提供的電訊器材不夠先進而失去合作熱情。該所建立約三年後撤銷。

戴笠分析兩國合作不成功的原因，不是蘇聯不幫忙。回想1937年日軍進攻上海時，中國向國際社會發出救援呼籲，但只有

蘇聯表示支持，不是它比別的列強有同情心，實在是因為它自己的遠東邊境同樣受到日本人的威脅。

1937年8月中蘇簽訂了互不侵犯條約，蘇聯貸款總價值3億美元給中國，400架飛機提供給中國空軍，另外500名蘇聯軍事顧問和6個空軍戰鬥機中隊也在中國戰鬥，直到歐洲戰爭全面爆發。

當時，一條長達2700公里從蘭州到蘇聯邊境的公路已經開通，從1938年到1940年足夠武裝15個中國師的蘇聯裝備透過這條西北公路進入中國。

但是1941年4月，蘇聯和日本簽署《蘇日中立條約》，從此蘇聯對中國的援助停止了。戴笠向梅樂斯感慨地說：「蘇聯的私心太重，幫助中國是有目的的」；「它只希望中國擋住日本不要侵略蘇聯，一旦安全保險了，就把朋友拋棄了！」他憤憤地表示：「這種合作不要也罷！」梅樂斯聽罷也似懂非懂，但是覺得頗有道理！

戴笠又跟他說了與英國人合作發生的不愉快情形。

事情發生在中日爆發戰爭後的四、五年，在太平洋戰爭即將爆發前，在上海遭到日本人監視的英國駐華情報首腦門德內哥羅，由軍統局轄下的游擊武裝忠義救國軍，藉口偷運日貨之機將其藏在卡車中護送逃到重慶。

他為了感激戴笠，以英國大使館商務參贊的名義，提出與中國合組中英特種技術合作所，進行情報交流，英方表示願意援助武器裝備和派專家幫助中國組建、訓練一支敵後游擊部隊，太平洋戰爭爆發後，又決定讓這支部隊開赴東南亞戰場配合英軍作戰。

於是，軍統局在1941年9月進行了研究，不久即在重慶近郊沙坪壩紅槽房建立起了中英特種技術合作所，1942年1月又在沙坪壩小龍坎成立了軍統局屬下的別動軍司令部，中英合作所主任及別動軍司令均由前忠義救國軍總指揮周大龍擔任，兩國墜入了蜜月期。

戴笠以軍統局原混成隊為基礎，又在湯恩伯、李仙洲等集團軍中挑選了部分官兵，加上軍統局人員，組成了別動軍七個縱隊。原擬開赴東南亞作戰，因此第三縱隊徐光英部已集結於廣西桂南待命。除此之外，中英兩國還在東南亞及印度組成許多華僑部隊，一部分保衛僑居地，一部分支援祖國與其他地區。其中最知名的是區長林謀盛，他是中英合作中中國派遣馬來西亞工作隊的區長。

林謀盛生於1904年4月27日，16歲到新加坡，在萊佛士學校畢業，進入香港大學深造。歷任新加坡華僑建築商公會會長，新加坡中華總商會董事，中日戰起，即刻加入救國行動，聯絡政要和愛國僑胞，抵制日貨，籌資帳款，不遺餘力。成為反日的中堅分子。

他曾發動馬來西亞丁加奴州的罷工行動。策動日本人經營之龍運鐵礦公司的華籍礦工撤退。由好友莊惠泉去策動，他則在新加坡籌劃接應，介紹工作或遣送回國。後又再發動吉蘭丹州東海岸鐵礦公司華籍礦工撤退。兩家鐵礦公司，因此停工。使日本所需之煉鋼原料短少，減少製造武器，削弱日本軍閥的武力，減少助紂為虐的力量。

日軍攻打馬來時，林謀盛在新加坡任抗敵動員總會執行委員兼勞工服務團主任，1942年2月新加坡淪陷前夕撤退到印度。後奉重慶國民政府命令，赴印度加爾各答組訓中國留印海員戰時工作隊。計有兩千多人。

不久，英國經濟作戰部馬來支部負責人古泛羅亦從新加坡撤退到印度，得到戴維士和勃羅姆的支持，尋求林謀盛的合作，要徵招華僑青年，到馬來敵後，做情報工作和建立敵後武裝部隊，為將來反攻馬來時的內外夾擊行動做準備。

林謀盛同意合作，但提出要由兩國政府合作。英方同意，由林謀盛到重慶向中央黨部吳秘書長鐵城報告，獲得吳秘書長在會議中的支持，政府授權由吳秘書長代表政府與英國駐華大使簽約達成合

作。由中國派遣人員與英方合作，到馬來敵後作戰。中國政府任命為區長，中方特工喬裝「人力挑夫」深入日軍占領區。

後來，軍統局在援助及訓練等問題上與英方意見嚴重分歧。據蔣介石侍從室情報組組長唐縱1942年4月日記中記載：「英國與中國特務工作之合作，我始終認為英國另有企圖……」又記載說：「英國的目的在取得我特務工作之掩護，以便各地活動。」戴笠獲悉，立即命令他的屬下周大龍「停止運作」，他得到戴笠的指示後，終於漸漸發覺英國人的真面目。

英人想在第三戰區設立爆破訓練班，戴笠上報蔣委員長要求制止，結果一個電報令第三戰區司令官顧祝同長官制止。另外戴笠的別動軍之工作，已接戴的命令，「嚴令約束英人不得自由活動……」中英這一合作於同年4月夭折。以後，英國人在1944年又重新提出合作意向，中統高幹唐縱1944年3月27日日記中記載：「林主任交下中英謀略合作方案……英國人真厲害，一次不成二次三次無數次來，不達目的不已。」

1944年9月25日日記又記載：「對英情報合作問題，都是為了金錢物品，彼此的爭議，原都如此。」其間，中統局想要插手與英國進行情報合作，但在國民黨內遭到阻止，就是戴笠的出面，他斥責英方：「假合作之名，行併吞之實。」

抗戰後期英國還打算幫助中國在淪陷區組建地下軍，也被美國知道後加以反對而未得逞。英國首相丘吉爾，還為此在克里米亞會議上向羅斯福總統提出質詢。羅斯福電召赫爾利回國報告究竟。

唐縱1945年2月25日日記記載：「據英方表示，美國外交系由美孚公司及教士指導，彼等目的似欲排斥英國，以便戰後獨占中國市場。」

「其實，英國之目的亦在爭取中國之市場……」。戴笠還報告

說他的對英情報合作已「停止」，因為英方無誠意合作，「器材既不能作相當之供給，特務又不能公開教授，且在中國各戰區藉合作名義自由活動，蒐集情報，實違反合作協議，故奉委座命令中止進行」。

戴笠特別提醒外交部長宋子文，說：「英國特工負責人約瑟克現在華府有所活動，此人鄙視中國與我絕無好感，乞公注意。」可見戴笠對英國見利忘義的痛恨。

死亡線

戴笠意猶未盡，對英國人的「壞」說個沒完。他說：「英國的見利忘義與自私無能，在滇緬公路一事上更見其本質。」

1937年，中國的抗日戰爭爆發後，日軍很快就占領了中國的華北地區、華東地區、華南地區，國內幾乎所有的港口都落入了日軍的手中，不僅國內可憐的國防工業被摧毀了，國際間對中國援助的海上通道也被堵死了。

中國應該要有一條後方的國際通道，居於此考慮，1937年8月，當時的雲南省主席龍雲向蔣介石提出「修改滇緬公路的計劃」，建議各修一條通往印度洋的鐵路和公路，蔣介石非常贊同。1937年10月，國民政府官與雲南省政府協商，確定滇緬公路由昆明經下關、保山、龍陵、芒市、畹町出境，在緬甸的臘戍與其中央鐵路接通。

滇緬公路的起點在中國雲南省昆明市，終點是緬甸臘戍，全長1,453公里，公路始建於1938年春，於當年12月初步建成通車，以後陸續加以修改，是中國抗日戰爭時期，中國西南後方的一條歷時最久，運量最大的國際通道，有力地支持了中國的抗日戰爭。

修築滇緬公路，有一道悲哀的血淚線，那就是不少老人、婦女和兒童投身其中。據蕭干的紀實，「築路的人老到七八十，小到六七歲，沒牙老媼，花褲腳的閨女。當洋人的娃娃正在幼兒園玩耍時，這些小羅漢們卻赤了小腳板，滴著汗粒，吃力地抱了只畚箕往這些國防大道的公路上添土」。

　　他們不少是自願的，一般圍繞「彈石路」進行勞作。所謂彈石路指的是修築好的公路，路面由碎石鋪設而成。施工管理人員為了降低和減輕這些人的工作難度，規定了每人每天的工作量。不過，老人、婦女和兒童幹得照樣賣力。他們深深懂得修築這條路對中國意味著什麼。

　　有一首詩道盡了築路的辛酸，也訴說著國際社會無情無義的現實慘況：

　　在南方的那個角落

　　上百萬的軍民用他們的生命

　　與天地搏鬥和鬼子交戰

　　他們大多數是老弱婦孺

　　用血與淚一步一寸

　　把這條公路打通

　　只為了存活下去

　　在那個被遺忘的戰場

　　我們還記得他們嗎

　　在滇緬公路沿線民眾的艱苦付出下，1938年8月，滇緬公路全線通車，比一年限期提前3個月。英國《泰晤士報》讚美「只有中國人才能在這樣短的時間內完成這樣浩大的工程。」

戴笠說到這裡，滿臉出現了嚴肅且激憤的神情，他向梅解釋：

「雲南各族民眾，在幾乎沒有任何施工機械的情況下，靠著自己的雙手在雲南西南部的崇山峻嶺和原始森林中，建造了一條一千多公里的簡易公路。這是當時中國接受外援物資的唯一通道。多少人在築路中捐出了生命！」

梅樂斯完全理解，他被中國人的抗戰精神與意志感動了，他也體會到中國人對民族尊嚴的重視，完成這次合作任務，避免失敗的唯一條件就是：「放下驕傲，與中國人同甘共苦！」

戴笠的憤怒還沒完，緊接著又提到了另一個帝國主義——法國。

法國也是見利忘義、貪生怕死。在中國單獨對抗國際法西斯時，法國政府封閉滇越鐵路、英國政府封閉滇緬公路，使中國對外交通完全斷絕，法國還讓六萬日軍假道越北進攻滇桂；德意日簽訂同盟，蘇日簽訂互不侵犯條約，美國則運廢鐵支持日本的軍火工業，然而國軍有錢買不到武器，買到了又運不回來。

在抗日戰爭爆發期間，中國的援華物資全部靠這條鐵路運進來，所以它在抗戰的初期造成了非常重要的作用。

這條鐵路跨度整整九十多年，戴笠對梅樂斯說：「我們可以這樣說，如果以前的古商道是把雲南貧瘠的土地托起來，那麼滇越鐵路就是真正托起了雲南經濟的支柱。」

1940年8月歐戰爆發，法國封鎖滇越鐵路，英國封鎖滇緬公路，斷絕中國對外交通，見好日本，保護其遠東既得之利益。

在1942年夏，流亡的法國戴高樂政府也曾派代表來中國，與軍統局談判建立中法特種技術合作所，主要是為了偵譯法國維希傀儡政府的密電。

雖然報復的機會到了，戴笠仍為大局著想，沒跟法國計較，但法方代表對所談事項外行。這個流亡政府，在戴笠眼中實在沒有跟中國談合作的本錢，卻對中國又不大看得上眼，種族優越感仍處處表露無遺，最重視國家尊嚴與民族地位的戴笠，乾脆關上協商大門，兩國情報合作最終未能談妥。

真正合作成功，是中國與美國聯合建立的中美特種技術合作所。

1942年5月，日軍占領緬甸，切斷了同盟國援助中國的戰略物資運輸線滇緬公路。中美被迫共同開闢「駝峰航線」來代替滇緬公路，繼續為中國提供戰略物資。中美雙方靠著空運建立了兩國共同抗日的基礎。

「駝峰航線」西起印度汀江和阿薩姆幫，東至中國昆明。提供給中國的物資從美國運至印度卡拉奇，再到汀江和阿薩姆幫，然後飛越「世界屋脊」喜馬拉雅山脈，到達中國昆明巫家壩、呈貢、羊街、楊林、沾益、雲南驛等機場。

日軍占領緬甸後，專門派遣戰鬥機從緬甸密支那起飛，攔截沒有防禦能力的運輸機，航線被迫北移，飛越喜馬拉雅山南麓。這一地區山峰高度超過1萬英呎，飛行高度最高可以達到2萬英呎。

由於航線在世界高海拔地區，有的山峰太高，飛機只能在雪峰山谷間穿行，使航線看起來像駱駝的峰背，因此稱為「駝峰航線」。

「駝峰航線」途徑高山雪峰、峽谷冰川和熱帶叢林、寒帶原始森林以及日軍占領區；加之這一地區氣候十分惡劣，強氣流、低氣壓和冰雹、霜凍，使飛機在飛行中隨時面臨墜毀和撞山的危險，飛機失事率高得驚人。

有飛行員回憶：「在天氣晴朗的時候，我們完全可以沿著戰友

墜機碎片的反光飛行。」他們給這條撒著戰友飛機殘骸的山谷取了個金屬般冰冷的名字「鋁谷」。因此，「駝峰航線」又稱為「死亡航線」。

「駝峰航線」是第二次世界大戰時期持續時間最長、規模最大、飛行條件最艱險的空中運輸線。在3年零3個月的時間裡，「駝峰航線」向中國運輸了80萬噸戰略物資，但也因此付出了驚人的代價，共墜毀和失蹤飛機609架，犧牲和失蹤飛行員1500多名。

這些犧牲者絕大部分是美國人，這種勇往直前視死如歸的大無畏精神，讓戴笠萬分感動，他讚道：「這就是同甘共苦肝膽相照的實例！」他對梅樂斯強調：「我們的合作能夠做到這一點，就是我所要的！」

第三章 決戰密碼

破解密碼

　　戴笠身為全中國最大的秘密組織的負責人，他最重要的任務就是保家衛國，發動全面抗戰。

　　為此，早在抗戰爆發前，戴笠就決定逐步調整軍統局的工作重點，籌劃加強對日情報工作和行動工作，這是戴笠主持軍統局的一個重要轉折點。

　　這時期最重要的工作就是密碼戰，也是諜報戰中最重要的密碼爭奪戰。如何成為密碼高手，用諜報戰打贏對方，這已是戴笠唯一的掛念。

　　為了加強提高密碼戰的水平，戴笠知道必須加強這方面的訓練，加強這方面的設備。軍統在1940年春正式擴充其電訊單位，建立特種技術研究室，也即全國密碼中心。此前一批高智商的優秀分子被吸收進來，在美國退役密碼專家的指導之下，刻苦鑽研，破解敵人的密碼是工作的唯一目標，「破解！再破解！」就是這種執著與毅力，終於收穫頗豐。

　　密碼戰先前已說過，珍珠港事件中的表現最出色，美國史學家考證精詳：「戴將軍麾下大將魏大銘，使用這些專業人員加上日本戰俘，破譯密碼，電訊偵測再傳捷報。這事讓列強刮目相看，進而佩服、虛心討教。」

　　跟監與追蹤是情報工作的根本，戴笠部下這方面的脫胎換骨改頭換面，使監聽得出的情報表明，日本似對珍珠港意圖不軌。

　　戴笠命令駐華盛頓武官肖勃，向美國海軍情報處傳達這一訊

息，美國人顯然把它看作奇怪的念頭感到可笑，「他們不相信研究室具有獲得如此重大情報的能力。於是未加理睬」。而這就是顯示本事的時刻。

珍珠港偷襲震驚美國，美軍尤其是海軍情報署隨後突然對戴笠刮目相看，他們立即啟動和中國的合作。

其他方面也有一事，戴笠統帥的軍統局經濟組在分析「軍技室」破譯的一份「日本外交密電本」時，發現日本政府正與蘇聯政府舉行商務談判，談判的主題是日本準備用橡膠換取蘇聯的木材。

日本本來就資源貧乏，橡膠資源從何而來？經濟組由此推斷，日本軍隊將很快南下侵占盛產橡膠的東南亞諸國。

日本在準備進攻東南亞國家的同時，還企圖切斷越南和緬甸通往中國的運輸線，以期斷絕國外對中國的支持，迫使中國向日本投降。

由於這份情報的及時和準確，使國民黨軍隊有了充足的時間將囤聚在緬甸的軍用物資搶運回來，並搶先做好了東南亞淪陷之後的外援物資的運輸和潛伏等工作。

太平洋戰爭後期日本與美國打了幾次海戰後損失慘重，就把剩餘的艦隻隱蔽了起來。美國海、空軍聯手欲將其消滅，可是多次偵察後就是找不到目標。後來還是軍統局搞到了準確情報，原來日本把那些軍艦偽裝成了一個島嶼。美軍轟炸機按照這情報，把那「島嶼」夷為平地。為此，美國總統羅斯福還發函，向中國表示感謝。

戴笠領導的密碼戰專家，是梅樂斯來華首先爭取的合作項目，他挖苦勇敢作戰的同僚，密碼戰不是為了打敗日軍，為的是「少死些美國大兵」。

神秘貴客

這時，對日作戰已進入中期。

中國戰場上雖然武漢淪陷，長江中游失控，但這個監控中心「中國暗室」卻大為興旺。由另一只監聽站負責人溫毓慶領導的偵察臺，從長沙向西轉移到了桂林和貴陽，最終轉移到了昆明。

戴笠的得力助手魏大銘繼續派遣軍統人員參與這項偵察電臺的工作，但他把電報專家邱沈鈞手下30人的學員調出來，和以個人身份來華的美國專家亞德雷一起，到設立在神仙洞裡的「秘密演譯訓練班」工作。

他是戴笠委託美國大使館武官白銳特，私下託人情到美國找到的專家，戴笠和亞德雷的第一次見面是在1940年2月22日。亞德雷告訴陪同見面的這位美國武官，他準備在中國待下去，並提出一個要求，有無可能被派去領導一個新的全國性的中國情報暗室。戴笠毫不猶豫地答應了他的要求，但後來卻讓戴笠失望了。他也談了向美國戰爭部秘密提供日本軍事動向的可能性。白銳特從麥克勃上校那兒得到了謹慎的批准後，在3月8日又與亞德雷見了面。亞德雷答應提供關於破譯日本密碼的全部技術訊息，以換取每年6000美元的報酬，他全支付給他的情婦，情婦扣下2000美元留給自己，其餘的再轉交給亞德雷。

亞德雷的表現極為出色，在這些成績面前，亞德雷感到自己沒有得到應有的賞識，抱怨工資也太低。但是戴笠給他的酬勞已非常優渥，但他仍不滿足，認為：「根本沒法跟在美國的同事比。」

戴笠不高興了：「他究竟是來幫忙打日本人的，還是來大撈鈔票的？」亞德雷依然怨聲載道，態度惡劣，對中國人非常粗魯，動輒打罵下屬，他又開始想家，時而大量喝酒，時而借酒裝瘋。他開始想辦法掙錢，打算要麼把錢送到美國，要麼直接支付情婦的開支。

不管怎樣，亞德雷的團隊在整個1939年裡不斷擴張。那年共有200多個學員接受了培訓，重慶的情報暗室截收了發往日本軍隊的2000多萬條秘密的廣播和電報通訊。其中約有兩萬條得到專門的研究和估價。

最大的突破是在1939年年終，亞德雷和魏大銘破譯了日本空軍的密碼，向羽翼未豐的中國空軍和陳納德的「飛虎隊」提供了日本一次重大空襲的情報。

與此同時，駐重慶的美國副武官戴維·白銳特上校獲悉了關於亞德雷在戰時首都活動的小道消息。

戰爭部G-2的負責人E.R.W.麥克勃上校證實了這些消息，但他告誡白銳特，在接觸亞德雷時要謹慎，因為戴笠的軍隊已經建立了一個秘密偵收部門，來破譯日本的軍事和外交密碼。

而亞德雷同樣得謹慎，因為戴笠警告他別同他本部以外的外國人或中國人搭檔。戴笠不讓中國人同他走太近，「因為亞德雷不是真心地幫中國」。戴笠批評說：「他的心不在中國！」

自然，戴笠還保留了一手，同時還存在一些其他重要的密碼單位。原來的杭州警察學校的訓練班，在抗日戰爭爆發後轉移到了武昌，武漢淪陷後，它便與湖南臨澧訓練班合併了。

一個武漢獨立培訓班在高級指揮的支持下成立，每屆有100個學員。其畢業生不是分配到軍統的密碼電臺就是分到其他地區性的臺站工作。1940年，這個培訓單位轉移到了遵義，在魏大銘的領導下開展工作。

還有，在浙江中部的金華還建立了兩個重要的通訊機構，培訓戴笠家鄉江山來的電臺和密碼人員。這些來自江山的老鄉說的是幾乎讓人完全無法聽懂的方言，他們被編入由密碼專家竺笠民領導的密碼處，或是進入由毛萬里教授的「譯電人員訓練班」，然後被分

配到軍統電訊處當密碼員，或到敵後「獨立電臺」去工作。這些電臺員和密碼員通常把他們的情報直接送到重慶，而不與本行中其他局的人員接觸。

「單線領導」永遠是戴笠的領導模式。因為「到處是敵人！」戴笠必須學習「與狼共舞」而不被狼吃掉。雖然他自己也是一匹惡狼！

爭奪「紫碼」

亞德雷的貪財與好色戴將軍都可以容忍，但看不起中國人、對中方領導不忠，就令他無法忍受，讓他滾蛋已是無法挽回的。

原因出在亞德雷把他寫給戴笠的一份列有19套日本密碼的備忘錄交給了另一位美國武官威廉·馬葉少校，以換取美國軍方的支持，但是戴笠很快知道了，大罵亞德雷「吃裡扒外」，放話要「給他好看」。

美國軍方不敢開罪他，戰爭部門還是拒絕了這位僑居國外的密碼專家的提議。

那時，美國的情報官員已經肯定，而且後來也得到證實，戴笠是知道這些秘密會面的。

事實上，馬葉少校應戴笠本人邀請來面談亞德雷的工作。當戴笠自己提出向美國提供破譯密碼的結果時，馬葉少校對此感到意外，但也知道：「亞德雷沒了敲詐勒索的本錢了！」

亞德雷瘦了40磅，原因不是他所說的因空襲而缺乏睡眠。亞德雷於7月13日離開重慶，他沒有想到美國的信號情報局，已經開始在翻譯日本最機密的外交密碼「紫碼」上有了突破，而且戴笠也已經開始實現他集通訊情報於一個辦公室的計劃，而亞德雷在這個

新的機構裡已經沒有太多用場了。

但在1940年6月，關於這方面的進一步合作開始之前，亞德雷知道自己腳踏兩條船的秘密被戴笠知道了，他也終於覺悟到在華的日子不好過了，弄不好小命都難保。想到戴笠的手段，再想一想自己的行徑，他的頭上冒冷汗了！

「非走不可了！」亞德雷雖然知道戴笠給的酬勞，不是他說的那樣低，自己也是發發牢騷而已，事實上還是蠻喜歡這份工作的，至少能養個情婦，過上舒服日子，更是比起在美國的日子不知好過多少倍。

但是「不忠、不義」還是成了他的心病，「戴將軍對此是最不能容忍的」。他聽了不知多少次這方面的故事，背叛者都沒有好下場，自己雖稱不上背叛者，但是「腳踏兩條船……」還是讓他心裡發毛。

亞德雷終於表示想離開中國了。他面見戴笠，以健康狀況日下為理由，甚至為了他收藏的倫敦杜松子酒在日本人的一次空襲中遭毀而沮喪，亞德雷決定回家了，戴笠沒有挽留，卻送了他一大堆的好酒。

1940年初春，戴笠向蔣介石建議將密碼破譯集中管理，蔣同意了。1940年4月1日，一個叫做「特種技術研究室」的全國密碼中心成立了。但是，使戴笠失望的是，他的另一大將溫毓慶被提拔為這個研究室的主任，並由另兩位大將魏大銘和毛慶祥（也就是蔣的機要秘書），做他的副手。在魏和溫之間立即展開了一場控制研究室的鬥爭，讓戴笠頭痛萬分。

1940年6月初，溫毓慶為體檢去了香港，從此一去不復返，為密碼中心代理主任魏大銘調進他自己由亞德雷訓練的密碼分析人員敞開了大門。從此軍統特務主要的業務是蒐集密碼情報。

戴笠主導的密碼戰讓他的特工部門能力更上一層樓，一向重視破譯敵方密碼工作的他，早在1937年10月間，他就叫譯電組長姚敦文在西安破譯了日本發出的無線電密碼一份，內容屬於軍事性質的。戴笠欣喜之至，馬上轉報了蔣介石。

隨後，戴笠又在重慶、金華、桂林、西安、贛州等地設立了無線電偵察臺，專門蒐集日軍及敵偽的無線電電報，並成立了密碼破譯工作組，日偽相互勾結的相當一部分證據就是這樣得到的，另外英美及蘇聯、中共的很多機密大事都被抓在戴笠手裡，因此列強對戴笠也是又恨又怕。

破譯密碼工作，並不是輕而易舉的事，往往每日收集了敵方密碼數十份，但總是在這些密碼中反覆鑽研，不可能一下就能破譯出來。

戴笠認為這項工作極其重要，不惜投下大量人力財力。由他簽請蔣介石批准成立了「軍事委員會特種技術研究室」，專門從事敵方密碼破譯工作，由軍統局第四處（電訊處）處長魏大銘兼任該室中將主任，實際負責則為軍統局譯電組組長姜毅英（女）。在該室任破譯工作的特工，多為譯電訓練班畢業的學生，有30餘人。

戴笠當然知道，所有偵測到的情報，並不等於說詳細知道日本大本營的策劃案，也不可能知曉其發動的目的，精確到時、分的攻擊時間，所要達到的目標，以及偷襲的動員和實施，還要根據電訊的破譯，發現疑點，發現異常，發現其即將造事的苗頭。

戴笠比誰都頭腦清楚，他需要一位同樣冷靜、能夠徹底坦誠交往、互相信任的盟國夥伴，梅樂斯事後證明自己是一位能讓戴笠滿意的合作對手。

第四章 虎！虎！虎！

黑色煙幕

珍珠港上空巨大的黑色煙幕，象徵著日本的戰術勝利和美國的悲劇，但死亡和毀壞並沒有結束。「不論在不在港內，我們每個人都將永遠記住這一時刻。」1941年12月8日，美國總統在國會發表了歷史性的演說，而後國會透過對日宣戰和英國對日宣戰。

9日，與日本戰鬥了10年的中國正式對日宣戰。

而後，自由法國、澳大利亞、加拿大等國對日本宣戰。

11日，強悍的德國首先對美國宣戰，美國完全投入了二戰，將其強大的國家機器轉入了戰時的軌道，二戰也進入了一個新的階段。

在中國，已獨力抗戰四年之久，正當山窮水盡，欲振乏力的時刻，珍珠港事件讓中國人不再孤獨。而中國走進盟軍俱樂部的門票，正是一群密碼英雄取得的。梅樂斯在日記上寫道：「沒有他們卓越的表現，歐美列強不會讓中國進來的！」

破解珍珠港事件是戴笠手下的杰作，而且從不同的方面得到多次印證。

其中一位叫池步洲，他進電訊室工作時年僅30歲，經驗尚無。但是他透過統計發現收到的日軍密電，基本是英文字母、數字、日文的混合體，字符與字符緊密連接，多為（MY、HL、GI……）。池步洲作了進一步的統計，發現這樣的英文雙字組正好有十組，極可能代表著0—9的10個數字。

根據這一發現，池步洲做了一個大膽的猜想：他將這十組假設的數字代碼使用頻率最高的MY定為「1」，把頻率最低的GI定為「9」。

另外，日軍密電中的數字，很可能表示的是當時交戰軍隊中的部隊番號和兵員數目。於是池步洲到部隊進行核對，由此他找到了越來越多的突破口。除此之外，他結合密碼中的許多隱語，如「西風緊」表示與美國關係緊張，「北方晴」表示與蘇聯關係緩和，「東南有雨」表示中國戰場吃緊……順藤摸瓜，他最終破譯出一份份日本軍部大本營發出的密電。

1941年12月3日，池步洲透過破譯截獲的一份由日本外務省致駐美大使野村的特級密電：1.立即燒毀一切機密文件；2.儘可能通知有關存款人將存款轉移到中立國家銀行；3.帝國政府決定採取斷然行動。根據當時情況池步洲判斷，這是「東風，雨」（即日美開戰）的先兆。結合此前譯出日本蒐集有關美國檀香山海軍基地的情報，池步洲作了兩點估計：一、開戰時間在星期天；二、地點在檀香山珍珠港海軍基地。當這個消息呈遞給蔣介石以後，蔣十分震驚，立刻向美國方面通報。但由於美國國內孤立主義情緒的高漲，羅斯福並未重視中國傳來的情報。4天後，震驚世界的珍珠港事件發生。

另一立大功的英雄是姜毅英，她是戴笠的老鄉，浙江江山人，她原名姜鶴根。姜本人於杭州第一高中畢業後考入杭州警察學校，1931年畢業。畢業後，戴笠委她為譯電員，工作勤奮，譯電業務嫻熟，旋升為軍統局廈門電臺主任報務員，兼任監察臺密碼破譯工作，加發雙份工資。

姜毅英在破譯工作中，從日本軍部無線電報內偵知於1941年12月7日日軍將對美國珍珠港的海軍發動突然襲擊的重要情報，交給戴笠親自處理。

據熟知此事的軍統局一譯電員王紹謙（也是江山人，是戴笠的私人譯電員）說：「抗戰初期，美國並未向日本宣戰，相反，美國還出賣大量鋼鐵給日本。蔣介石對此十分不滿。」

當時日本駐美國大使白烏敏夫向美國使用了表面討好，實則趁機重創美國的外交陰謀。所有白烏敏夫赴美就任大使後的活動情況及白烏向日本政府發出的無線電電碼，都被姜毅英破譯出來，送給了戴笠轉呈給了蔣介石。

蔣介石即將白烏敏夫代表日本政府對美國的陰謀電告了美國總統羅斯福。羅斯福對此抱將信將疑態度。蔣介石再電羅斯福，懇請美國不要出售鋼鐵等給日本，並要求美國對日宣戰。但羅斯福未予理睬。

正在此時，姜毅英獲得了日軍將偷襲珍珠港美國海軍的絕密電碼，由戴笠轉呈蔣介石，蔣如獲至寶，即批示：「速通知美國政府。」戴笠當即電訊軍統局美國站站長肖勃，命肖勃立即轉告中國駐美大使館武官郭德權，郭接到此項重要情報後，馬上轉致了美國五角大樓海軍司令部。

美國政府包括美國海軍司令部過去對中國的抗日情報工作，不予重視，結果日本空軍、海軍聯合秘密行動，於1941年12月7日凌晨在珍珠港突然襲擊了美國的海軍艦艇，使美國遭受了從未有過的重大損失。

珍珠港事件之後，蔣介石對戴笠獲得日軍情報，事先轉知美國，感到十分滿意，稱戴笠的情報工作做得好。戴笠認為姜毅英功勞很大，破獲日方絕密電碼，事先得知偷襲珍珠港的情報，大大提高了中國情報工作的信譽，因而立即將姜毅英由原來的中校級破格提升為少將譯電組組長。姜毅英便成為軍統局唯一的女少將。她是軍統之花，也是軍統之光。

潛伏

另外，戴笠麾下還有一員大將，他叫林頂立，是臺灣人。

林頂立是直屬戴笠的情報員，角色是反間諜，深入日本嶺南的關東軍，在裡面當參謀官，只有這樣才能獲得有價值的情報。

日本偷襲珍珠港時，林頂立也立過功，因臥底在日軍，所以知道這個情報，將日軍偷襲珍珠港的情報給了蔣介石，蔣介石亦立即通報美國。

但因為情報機關配合不足或者說無能，使得這些情報未被恰當使用。

其實由美方爭論的資料可知，林頂立在二次大戰時深入敵營，的確建立戰功。雖不見得是唯一的情報來源，但卻是中國軍方有能力取得重要情報的證明。

這套經濟作戰貫穿整個抗戰，它破壞了日本占領區的經濟掠奪政策，為重慶獲得了大量急需物資，同時大概也是最重要的一件事，養活了日益膨脹的軍統。

林頂立的另一個巨大貢獻是將日本陸海軍在東南沿海的佈防情報準確地傳送給軍統，包括日軍佈雷區、軍艦出入港等情況，二戰後期盟軍潛艇在東海、南海的作戰，許多依據了林頂立給的情報。

1945年初，日軍困獸猶鬥，抵抗激烈，美軍曾計劃在中國東南沿海登陸，為此，林頂立也提供了大量當地日軍佈防和戰鬥力，以及水文氣象方面的情報。但由於日軍8月投降，這一戰役未及實施。

同時，戴笠的軍統也充分利用了林頂立獲取的東南軍事情報。

戴笠和美軍共同組建特務機關「中美合作所」。為了獲得美方

信任，戴笠攜美海軍中校梅樂斯親自赴東南敵後，車隊穿越日軍千里防線如入無人之境，直到東海之濱，令梅樂斯大為驚嘆，也對戴笠的工作能力產生了更大的信任。

他當然不知道，戴笠靠的就是林頂立。

透過林頂立，戴笠早已對日軍的佈防瞭如指掌，當然知道怎樣趨避了。

戴笠對林頂立的價值非常清楚，因此反覆強調對林提供的情報只能被動運用，絕不主動要求林搜求容易導致暴露的情報。

但是林頂立藝高膽大，做出軍統意想不到的事情，他指揮的臺灣挺進組不久建立了基隆、金門兩個分組，甚至在鼓浪嶼建立外圍組織「同聲俱樂部」，吸收福建、臺灣高級愛國人士，形成了鞏固的抗日團體，其團體成員，則逐步控制日占區廈門偽政權各個部門。

因為當地負責調查控制這些組織的特高課、興亞院和憲兵隊，都控制在林介之助，也就是林頂立的手中。

本來這些機關是由日本老特務澤重信控制的，1939年9月，廈門特務機關長田村崇則被中國特工刺殺，澤重信親自前往廈門坐鎮，公開擔任興亞院負責人。他前往廈門的時候帶去了自己最為信任的部下林介之助。

1941年，華南的一個日本女特工被軍統拉入組織，並為中方提供情報，日方覺察後將其逮捕槍決。

與這個女特工有聯繫的若干軍統外圍人員被捕，根據審訊中的記錄，澤重信發現廈門暗藏著中國方面重要的特工機關，因此決定順藤摸瓜，投入力量進行偵破。對澤重信來說不幸的是他找來商量的，正是頭號要犯林頂立。

林頂立第一個反應是迅速逃走，和軍統局閩南站負責人陳式銳商議。戴笠得到陳通報後，認為林的價值太大，放棄過於可惜，因此決定保護林繼續潛伏，派出漳州站長期潛伏的兩名殺手汪鯤、蘇群英，限期刺殺澤重信。

林頂立在關鍵時刻鎮定自若，一面提供澤重信準確的活動規律給行動隊員，一面因為澤重信經常去蝴蝶舞廳活動，透過十八大哥林仔滾，把蘇群英安排到林開辦的蝴蝶舞廳擔任管帳。

1941年10月26日，槍法出眾的汪鯤從蝴蝶舞廳跟蹤澤重信到《華南新日報》門前，汪鯤果斷掩身路旁騎樓下水泥柱旁，連發兩彈，均中澤重信胸脅部位，澤重信應聲倒地，當場斃命。事後，日軍進行調查之際，林頂立從中設計，抓捕與澤重信有間隙的日僑多人，刑斃數人。

「有一次，他們已經開始懷疑，說：奇怪怎麼那麼多情報會洩漏出去，就懷疑是不是他。」以日軍的效率和能力，林頂立這次在劫難逃了。他的上司為了找出他的破綻，找他來一起喝酒，忽然就跟他講，蔣介石被暗殺，已經死掉了。「蔣介石已經死了！」上司忽然大聲地向他吼叫，然後馬上用手摸他的心跳，一手扶著手上的武士刀。可是林頂立就完全能夠控制住，他說他心裡當然也很震驚，可是他就是能控制住。所以，他上司覺得這個人沒問題，「後來一直力保他」。

林頂立所領導的這個組是閩南站對敵工作最出色的一個組。1945年日本戰敗投降後，這個組論功第一，因此林頂立受到軍統局的重視，提拔他為赴臺接收的第一任保密局臺灣站站長。

林頂立對軍統的巨大貢獻之一，是從內部挖到日方底牌，為軍統的「對日經濟戰」提供了保障。

從抗戰開始，戴笠的軍統就奉命對日實施經濟作戰。因此在軍

統內成立經濟處，任命出色的對日經濟學家鄧葆光擔任副處長，負責實際工作。

鄧葆光熟知日本經濟，曾經準確推斷出日本將在1945年第三季度投降，其判斷依據就是日本各種物資的儲備和消耗。

他指揮的經濟作戰別開生面，是以製造偽鈔為主。他認為日本占領中國華東華北地區，目的在於進行經濟掠奪，因此，製造大量偽鈔，和敵人爭奪物資，就成為有效的經濟戰手段。

據聞當時銀行家貝祖貽是軍統在上海的暗線，利用職務之便定期收集日軍占領區的各種鈔票給軍統，戴笠便下令在重慶巨額仿造，偷運入日軍占領區，瘋狂搶購各種物資，並用來賄賂拉攏軍方將領。

這給日軍造成了極大的經濟壓力，物資大量流失，物價飛漲，因此日軍在特高課成立專門機構實施反經濟作戰，不斷更改鈔票，增加檢查手法，意圖恢復對占領區的經濟控制。

但若軍統的假鈔經常被查獲，而日軍的將領被查出使用假鈔，則很容易暴露其和重慶的聯繫。

但自從林頂立加入，這個問題就不復存在了，特高課每發現一種新的假鈔，或者每策劃一種新的檢查手法，林都能從內部預先獲得消息，提前通知軍統，因此軍統的印刷廠馬上進行相應調整，使日軍防不勝防。

獵殺

日本海軍大將山本五十六在偷襲珍珠港成功後，立刻向東南亞進軍，攻占英、法在東南亞的屬地，控制馬六甲海峽。

1943年4月18日，山本五十六及其隨從分乘兩架專機，由6架戰鬥機護航，出巡太平洋戰爭前線，鼓舞日軍士氣。當時，池步洲得到兩份關於山本五十六出巡日程的電報。一份用日本海軍密電拍發，通知到達地點的下屬；一份用LA碼，池步洲破譯的密電碼，通常以LA開頭，習慣上稱之為LA碼拍發，通知日本本土。池步洲破譯的，是後一份密電。池步洲迅速將破譯到的情報報告給戴笠，戴笠立刻向蔣介石彙報，蔣立即向美軍通報。美軍迅速派出16架戰鬥機前去襲擊，全殲敵機。作戰的第二天，美國搜索隊在原始森林裡找到墜機殘骸，山本五十六手握「月山」軍刀，橫倒在殘骸旁邊。

　　1942年的中途島之戰中，美國尼米茲的海軍艦隊殲滅了日本海軍主力南雲艦隊，其四艘航空母艦及數百優秀的飛行員全部灰飛煙滅。

　　此戰中，美國海軍處為美國立下了赫赫戰功，中途島一戰徹底改變了太平洋戰爭的局勢。

　　日美中途島戰役之後，輪到日軍的士氣動搖，為了重振士氣，山本經常親身各處視察。當時軍中有人反對，他們也意識到通訊可能被截，山本的行蹤會暴露，山本卻沒有理會。

　　1943年4月14日美軍從中美合作所梅樂斯那裡知道山本將在18日去考察，甚至連山本乘坐的三菱轟炸機的情報也截出來。梅樂斯的消息也是戴笠告知的。

　　山本不是傻瓜，派出六架戰機保護，三菱轟炸機同時有兩架擾亂敵人。當時山本五十六手下建議換密碼，但他的密碼官認為調動已經開始，換密碼會帶來混亂。

　　山本於是決定在發起行動那天凌晨四點換密碼，可是已經晚了，美國掌握了全部計劃，日本還沒行動就輸定了。

三天以後的4月18日，美國海軍處根據戴笠的密碼專家破譯的山本五十六去菲律賓的情報，派飛機設伏，在山本座機飛臨布干維爾島上空時，一舉將其擊落。4月18日，美軍派出十八架P38戰機攻擊，這種雙引擎戰機有雙燃料缸，又快又高，機上四條機關槍，一條二十毫米火炮，性能優越。美國飛行員都想報珍珠港一箭之仇，人人勇敢、視死如歸，他們以為敵人會有八十架戰機，恐怕要付出重大代價，但眼前數來數去只有兩架，還不打等待何時？不管山本在哪架三菱轟炸機，兩架都打下來，山本死定了。

山本五十六的座機成為火力集中點，這架轟炸機著火後墜入因城北的荊棘叢中，日軍後來在布干維爾島找到了飛機殘骸和他的屍體。

可以說，戴笠的密碼專家們在幫助美國取得太平洋戰爭的勝利方面，雖說不是從頭到尾都在提供機密情報，但在偵測敵人重要行蹤上造成了很大的作用。

中美合作動員的人力物力，都可說大部分花在這方面，凡舉由各地偵察臺專門抄收敵方包括日本侵略者和外國等的無線電報，收抄來的密電碼，都要龐大的人力支持。

首先要從呼號中弄清是哪方面、哪個單位的電臺電報，再由密碼研譯人員針對發報臺的性質估計可能有的內容，先從虛構、假設入手。

在一份電報中找出相同的電碼，把它假定為某一個常用字，然後仍用假定的意義來摸索試探、驗證，逐步得出一份完整的電報全文，又日積月累地逐步構成完整可供使用的密碼本。

研譯密碼的方法與程序，沒受過專門訓練，不具有專門知識的特務，是不可能弄清楚的。一份密碼電報，要破譯出來，往往要費很長時間和很多人力。但如果破譯出來了，以後便可按圖索驥了。

破譯電碼工作之所以重要，因為密電碼一般都關係到極端重要的軍事、政治、外交等機密內容，對於窺測敵方內情是十分重要和非常有效的。

透過對這些軍事信號的監聽得出的情報，才締造了打擊日本正在準備偷襲珍珠港的太平洋艦隊，以及後來一系列的密碼戰的勝利。

據參加密碼破譯工作的特工，戴笠甚為器重的江西新建人閻祖欣說：「破譯密碼是一項從暗中摸索密碼規律、極其複雜細密的工作。」

在重慶仍有亞德雷的學生們：魏大銘、姜毅英、池步洲……使用這些專業知識。

期間，除了破譯敵人密碼，中美合作所更建立起了若干為美國海、空軍提供氣象情報的氣象工作站、觀測哨等，這些氣象情報在美軍對太平洋上日占島嶼展開逐島進攻和轟炸日本本土的軍事行動中，都起了重要作用。

戰後美國海軍部的一份報告甚至有這樣的評價：中國方面透過中美合作所向美國提供的日本占領區軍事及氣象情報，「成為美國太平洋艦隊和在中國沿海的美潛艇攻擊敵海軍的唯一情報來源」。

據說，戴笠常以珍珠港事件作為教材向部屬講述內心的悲憤，戴笠向梅樂斯多次抱怨，當他命令他在華盛頓的軍統代表肖勃少校，透過中國首席武官向美國海軍情報處傳達這一訊息時，居然不受重視，反受奚落。戴笠向梅樂斯說：「這是我們特工，我們軍方，甚至我們黨國的羞恥！」

戰後美方對中國方面的說法，承認當初美國人顯然把它看做是個奇怪的念頭而感到可笑，他們不相信中國人有這種獲取重要情報的能力，於是對此訊息未加理睬。戴笠語重心長地感慨道：「作為

中國人的國恥，大家要引以為戒呀！」中國長期的積弱不振，軍事作戰的失敗使別國並不尊敬中國。

隨後，美國人在珍珠港事件後開始傾向戴笠，戴此時卻受到黨內排擠，正值這位中國特務機構頭頭在國際大出風頭之際，他本人在國民黨內部卻陷入了空前的低潮期。有人向委員長打了小報告，讓他瞬間栽了跟斗。

在這之前的1941年3月，一組反軍統情報機構的官員向蔣介石遞交了一份申訴狀，指責戴笠在管理上為所欲為。

被軍統的放肆所激怒的蔣介石撤銷了魏大銘的職務，並任命他的前秘書毛慶祥領導特種技術研究室。

這是對戴笠沉重的打擊，他比以往更深刻意識到，若要在向蔣介石彙報的軍政情報方面戰勝自己的對手，就必須獲得美國的電臺技術。當時的局勢，就像一個普遍親西方的觀點所表示的那樣：「戴笠希望美國方面多供應技術！」

除一些當時軍統所急需的無線電通訊器材外，戴笠更希望美國能把它專搞密電碼翻譯的一個叫做「暗室」的機構與設備，分一部到重慶來，以便學到美國的那一套東西，但是為了國家安全與民族尊嚴，「把自己所懂得的偵譯日本空軍的一點經驗保留起來，作為本錢不讓美國特務學過去」。他就是一個公私分明的人。梅樂斯在後來的工作上很難不同意這個說法，這也是他尊敬戴笠的原因。

第五章 聯手出擊

　　梅樂斯並不是從一開始就對戴笠這個特務頭子，作為中美合作的無可爭議的領導權，表示堅決支持。這種支持，不僅意在對戰時合作中的中方利益的認可，而且也確認了他自己，作為海軍官員在中國舞臺上的關鍵角色。

　　美國軍方尤其是情報局和美國陸軍曾極力表明，在戴笠的軍統和美國之間的共事，首先不認為是國與國的合作，把它限定在「海軍單方面派特工赴中國內地的事務」。

　　在珍珠港事件之前，肖勃少校向美國信號團建議提供信號通訊方面的幫助。這個建議被束之高閣。

　　珍珠港事件之後不久，有人找到陸軍G-2，但談判沒有成果。這以後又有人與美國戰略情報局（OSS）和海軍情報局（ONI）聯繫。但結果不了了之，因為OSS和ONI都各有自己的打算。

　　然而，梅樂斯憑藉著與戴笠的友好關係，據與海軍少將有八年交往的肖勃少校透露，他與梅樂斯少將在一次雞尾酒會上談論關於在中國沿海組織海上襲擊的事。

　　梅樂斯少將後來知道，是美國海軍部長萊希上將向總統報告了這些建議，後者立刻予以准許。這是誰的功勞？當然是梅戴二人合作的成績。

　　其次，根據梅樂斯少將接受的、美國政府批准的條件，包括情報局在內的中美合作所幾乎完全服從於中國秘密特務頭子的領導。

　　正如鄧諾文（Donovan）將軍對總統羅斯福說的那樣：「根據中美合作所的規定，我們於1942年4月到中國，但只作為戴笠將軍的中國情報機構的夥伴……」雙方的合作如此完美，但遭到各方

妒忌，還是存有陰影。

敵人？同志？

1943年10月下旬，羅斯福曾命令鄧諾文在日本及敵後游擊區，或是三不管的真空控制的地區收集政治情報。在開羅會議前夕，鄧諾文向總統概述了中國的情報狀況。

他認為：「除非我們完全獨立操作，獨立於中國人及我們的其他盟國，否則我們美國的情報業務便無法開展。」

羅斯福同意這個看法，並授權鄧諾文告訴蔣委員長：「必須讓我們獨立行動。」

對戴笠來說，中美合作所是一個接受物資援助的機構，但同時應得到保證，那就是如果情報工作必須得到美國人認可，那麼「起碼所有的活動，都得在他的控制和持續的監視之下」。

這是合作的底線。戴笠與鄧諾文看法相差太大，雙方的合作勢必不能成功。

不錯，鄧諾文後來請來出面協助訓練中國傘兵的是美國人，但訓練他們的是美國中情局前身，一個名叫戰略局（簡稱OSS）的人馬，這支部隊可是當今全球特戰部隊的始祖。

戰略局旗下有一個單位叫做作戰支隊（OG）。戰略局局長鄧諾文的構想是這樣的，居住在美國的外國移民第二代，譬如法國裔的美國人，若施以突擊訓練，可以空降已被軸心國占領的祖國，從事敵後襲擾、鼓動、支持當地反抗武力。

組訓這個單位的，是班寧堡步兵學校游擊戰術教官柯克斯。柯克斯在大學時代曾經身兼美式足球校隊隊長和棒球隊隊長，足見這

人體能超強,也有過人的領導天分。

柯克斯領導的作戰支隊以空降法國為目標,成員約200人,配合聯軍登陸諾曼底,6月到9月間共出過九次任務,多以班為單位。

作戰支隊在歐洲任務告一段落後,隊員有兩條路可選,一個是繼續留在OSS,去亞洲對日本人作戰;或者調離OSS,去一般野戰部隊。但幾乎所有隊員毫不考慮繼續要留在OSS,他們自認是美軍當中最驍勇善戰的勁旅。

除在法國的作戰支隊外,還有在挪威、希臘、南斯拉夫、緬甸敵後出過任務的作戰支隊成員,難怪中國突擊總隊幹部還有人以為,協助他們的是一支多國部隊。為了填補20個隊的中美突擊總隊編制人數,作戰支隊也在美國班寧堡傘兵學校招募新血。

這批與中國突擊總隊混編的美軍,最多達到160名軍官和230名士兵。鄧諾文不讓戴笠碰,沒多久部隊出任務,因為沒有通知地面游擊隊,沒有敵後武裝力量的支持,吃了敗仗,就被解散了。

美國參與中美合作計劃原本打算有兩個機構,一是海軍部,一是戰略局。因中美商討友誼合作計劃之初,戰略局局長鄧諾文委託梅樂斯兼任戰略局在華代表,事後認為梅樂斯未能善盡轉達之責,且獨掌中國方面資源,因此在中美合作所成立後提出修正方案,美國戰略局願意與國民政府另立合作組織,但戴笠堅持納入中美合作所作業,以避免組織疊床架屋。

戴笠見美國戰略局和海軍部不合,原本打算分別與兩個機構合作,並運用二者之間的矛盾,為情報工作找尋適合的學習對象,從而為國家爭取最大利益。

但是他覺得梅樂斯比較正派,比較沒有西方白種人的種族歧視,他成立中美合作所的初步措施,是在美國對日宣戰後於華盛頓

開始的。他代表美國海軍,他完全願意屈居次要地位,將大權完全交給戴笠。如此就沒問題了。

「尊重盟國,學習對方的優點,彼此信任!」梅樂斯與戴笠對此有著充分的認知!

雙贏?雙輸?

梅樂斯上任後的當務之急是繪製太平洋中西部的氣象圖:這個任務要求來自亞洲大陸氣象站的氣象數據。他迫切需要戴笠的協助,沒有軍統他無法完成任務,而戴笠也通力合作全力支持,成功關鍵就在於:「相互尊重,精誠合作!」

當肖勃和梅樂斯在華盛頓某旅館的一次雞尾酒會上,首次討論成立中美合作所問題時,這兩人考慮了以美國人向國民黨交換通訊情報,來換取在中國建立氣象站的合作,地點包括中國北部和西部在內,那裡最適於觀察到西伯利亞和戈壁灘的氣象模式。

那次初步會面之後,梅樂斯徵求了上司們的意見,並獲得了他們對這個起初相對來說比較簡單的計劃的贊同。但肖勃卻在其中預見到了更遠大的機遇,於是他通知了重慶的軍統。

在重慶,蔣介石批准了戴笠與美國人建立關係後,在美國使館武官們和軍事統計局的中國官員們之間,才舉行了一系列更加正式的高層次的會談。

經雙方的主管部門批准之後,美國的氣象工作人員和設備便陸續來到重慶,戴笠所需要的輕武器和炸藥也運來了一些。

這些武器雖為數不多,一位中方人員說:「我記得第一批運來只不過幾百支左輪、曲尺手槍和卡賓槍以及湯姆生機槍,但是來得很快,而且所配的彈藥數目也相當多。」同時美國「不像英國人那

麼拖拖拉拉，不僅數量上一再爭執，而且配屬的東西也非常少」。

因此戴笠對美國人這種「大方」感到極為滿意，在改變合作方向、擴大合作範圍的試行期間，戴笠又不斷提出，請求美方幫助訓練和裝備軍統所領導的武裝特務部隊問題，和請求美方供應交通工具、醫藥設備等問題，也都得到了滿意的答覆。原來很簡單地組織起來的中美所，由於業務範圍一天天擴大，雙方人員不斷增加，內部機構也逐漸形成。原來梅樂斯和一批美國特工還只在磁器口繅絲廠楊家山背後鐘家山一帶辦公和住宿，到1943年間便慢慢向東、西、南三面發展開來。

從1943年春開始，新的合作工作不斷地增添，戴笠每有所要求，很快便得到美方滿意的答覆，大批美國特工和器材也源源不斷地向重慶湧來。從3月初開始，雙方便決定把已經試行的各項工作和雙方所提出的要求，用文字固定下來，正式簽訂一項條約。

給條約定名稱，戴笠曾經一再斟酌。他怕別人將來指責他和帝國主義簽訂過不平等的賣國條約，於是力求從名稱上用得妥當些。

最後才決定用簽訂「合約」的方式（美方有時稱它為「協議」），以表示完全是從平等合作的基礎上來簽訂的。在起草這項合約時，戴笠經常召集軍統局處長以上和中美所組長以上的大特務開會研究，往往直到深夜才散會。

第一次合約經過一個多月的醞釀，作過七八次的修改增刪，除了內容方面經常由戴笠口頭向梅樂斯去試探，先徵求他的同意外，還力求在文字技術上週到仔細。梅樂斯的大方讓權、讓利，卻埋下了他日後被同僚指責太過軟弱的口實。

1943年4月間，第一次準備和美方簽訂的合約草稿才擬出來，戴笠馬上去找宋子文研究。宋認為沒有什麼問題後，戴笠才去向蔣介石報告。蔣看了也很滿意，這樣才正式通知美方約期正式簽訂合

約。從第一次合約簽訂，中美所的籌備工作才算結束。

合作協議前後有三次，簽訂的合約概要也有很大的變化，原因卻一致：「美國人越來越需要中國人；中國人越來越需要美國人！」

第一次簽訂合約的時間約為1943年4月15日，地點是在重慶磁器口繅絲廠楊家山軍統鄉下辦事處的大禮堂，也是軍統局重慶訓練班的禮堂。

主持這次合約簽訂的人：美國方面為當時海軍部長諾克斯，美國總統羅斯福的私人代表美國《生活雜誌》老闆魯斯，美國海軍部情報署代表梅樂斯中校；中國方面的主持人，蔣介石原來指派外交部部長宋子文，臨時有事沒有來，改由外交部常務次長胡世澤代表，與軍統局副局長戴笠共同主持。

1943年4月15日，在陪都重慶近郊的磁器口繅絲廠楊家山，軍統局辦事處大禮堂裡，舉行了由中美兩國官員出席的簽字儀式。正式成立了「中美特種技術合作所」 [Sino-America Corporative Organization（SACO）、中美合作所、中美所]。所有軍統局的敵後武裝，含忠義救國軍在內，均納入此一系統。

參加這次簽訂合約儀式的人有：中美所美方參謀長貝樂利、主任秘書史密司和中美所幾個組的美方副組長；中國方面有中美所軍統方面參謀長李崇詩、主任秘書潘其武與軍統所派的幾個組長。

另外，戴笠還指定軍統的「三巨頭」鄭介民、唐縱、毛人鳳和第一處處長鮑志鴻、第二處處長何芝園、第三處處長徐業道、第四處處長魏大銘、第五處處長沈維翰、第六處處長龔仙舫、第七處處長徐人驥、第八處處長沈醉等均要參加。

這是因為雙方在業務和事務工作上需要緊密配合，他希望中美

所與軍統能打成一片，所以在中美所與軍統的一些重要集會上，兩個單位的組長和處長級的人員都要參加。

當天下午，禮堂佈置一新，正中懸雙方國旗。儀式是在宴會前舉行的，參加的人員都先坐在擺成馬蹄形的餐桌前等候。五點整，戴笠領著魯斯和胡世澤等在熱烈掌聲中進入會場，在上首就座後，先由戴笠簡單地表達了對魯斯等遠道而來主持這次合約簽訂的謝意，並介紹在場參加的人和魯斯等見面。

他是用點名的方式，把每個參加的人的名字叫了一遍，站起來後，便補充一句是什麼職務，魯斯微笑點一點頭便又坐下來。只有鄭介民、唐縱和毛人鳳三人和魯斯握了握手。

介紹完畢即由潘其武將合約的中文文本宣讀一遍，然後由史密司宣讀英文文本，然後由雙方主持人在中英文本各兩份上簽字。接著由諾克斯講話。

他首先談到，為了早日戰勝共同的敵人——日本帝國主義而舉行的合作，是符合兩國共同的利益和目的的。他說美國總統對這項工作寄予厚望，相信雙方在今後一定能忠實地執行合約中所規定的一切，能做出出色的驚人成績。

他表示對合約中所列各點感到滿意，並主動提出今後雙方在合作期間，如果發現沒有訂入合約的問題而又為工作需要時，美國方面願盡一切可能幫助中國。

最後他對戴笠和戴所領導的軍統局特別讚揚了一番，使參加的這群特工高層個個都很高興。

諾克斯講話後胡世澤講話。他代表蔣介石政府向美方表示最大的謝意和敬意，對美國代表諾克斯與魯斯遠道而來，主持這一合約的簽訂深表謝意，並盛讚魯斯為美國傑出的人物。

胡世澤表示中國方面一定能忠實地履行合約，今後希望在美國

不斷幫助下打垮日本帝國主義。

戴笠和梅樂斯也在最後表示：一定很好地履行合約所規定的事項，保證雙方精誠合作，親密無間，不負兩國元首的期望，等等。

儀式完畢即舉行宴會。雙方為美蔣特務順利進行合作與互祝兩國領導人健康等不斷乾杯。宴會進行到晚上九點左右才終止。諾克斯與魯斯在中美所內住了五天才回國。

1943年7月1日，美國海軍情報署和軍統合作建立的情報機構正式成立，這就是中美特種技術合作所，簡稱中美合作所。總部設在楊家山。

在此之前，英國也曾與戴笠商議成立共同作戰組織，但是因為對英國人動機的疑慮，以及對訓練上意見的分歧，其事未成。

此次合作成功的關鍵，主要是梅樂斯佩服戴笠，這個美國人第一個主動來聯繫，動機極為單純，而且講明中方為首、美方為輔，中國出人、美方出裝備，而梅樂斯也在戴笠的陪同下，到東南敵後進行了視察，對軍統在敵後的力量及能力十分佩服，因此很快達成了協議。

戴梅合作

與此同時，在華盛頓，梅樂斯與威廉·普奈爾，他們向上級反映，讓總統解除了反對這項計劃的威利斯·李的上將職務，杰夫·梅澤（一名情報局的代表）和肖勃少校一起，把協議草案帶給馬歇爾將軍，馬歇爾在上面簽上了自己名字的縮寫。

然後，總參謀長威廉·萊希上將把該文件呈送給羅斯福總統，總統批准了。1943年4月15日，中美合作所的協議也在美國，由代表美國的海軍部長佛朗克·諾克斯和代表中國的宋子文正式簽署。

中文版的中美合作所協議要求美國提供足夠的武器來組建5個「特務武裝部隊」和80個「行動縱隊」及「行動隊」。將組織13個中美合作所訓練班，加上4個情報站和一些氣象臺與無線電廣播單位。

　　美國版的協議申明：「為了在中國沿海、淪陷地區和其他被日本人占領的區域打擊共同的敵人，在中國組織了中美特種技術合作所。它的目標是透過共同的努力，採用美國的設備和技術訓練及以中國戰區為基地，在遠東各部分領土上的日本占領區裡有效地打擊日本海軍、日本商船和日本空軍，以及他們的礦區、工廠、倉庫、車站及其他軍事設施。」

　　美國版的變動附帶了美國海軍參謀長威廉·萊希給梅樂斯的一封信：「你被告知，參謀長聯席會議關注著中美特種技術合作協議的施行和在對日作戰中非常措施的支持，以及史迪威將軍和參謀長們之間互相交換的報告，史迪威將軍曾在其中，對由你代表美國在中國領導下，參與採取這些措施表示贊同。」

　　信上說：「參謀長聯席會議批准了這個安排，並希望你在對日作戰中盡力與中國指定的負責當局合作。總統對此計劃有所瞭解，並批准你根據協議作為美方的直接領導人。」無論中美合作所對雙方的軍事價值如何，梅樂斯對軍統局長堅定的支持，加上這份秘密但正式的協議，使戴笠在中國政府中的地位大大提高。有人汙蔑把戴笠說成對美國過分讓步，但這封信準確地反映了戴笠由於得到美國人的認可，而在美軍及政界內部圈子裡大受抬舉，都跟梅樂斯的幫助有關，這是不爭的事實。

交心

　　那夜，劉鎮芳上校忽然將梅樂斯叫醒。他說，戴將軍邀請他和

麥克胡赴宴,照中國的禮法必須立即答覆的。

梅樂斯清醒過來以後,才注意到戴笠給了他一個中文名字。透過劉上校的翻譯,梅樂斯的姓Miles已被譯為「梅樂斯」——是「梅花很喜歡此地」的意思。

梅樂斯想:「想不到在英文中毫無意義的一個姓會有這麼多的意思,而且據說中國人聽起來,這兩個字非常相近。」

艾迪又告訴梅樂斯,戴笠選擇「梅」這個字,還有它象徵的意味,他說,「梅花是中國的國花,它總是在嚴冬的古木上開花,象徵著未來的光明。」

梅樂斯很懂得戴笠的心理,也學著中國人官場上的作派說:「梅與竹是很好的朋友,笠是竹做的,它象徵成功與勝利。」戴笠聽罷連說幾個好,也樂得笑歪了嘴。

梅樂斯為了充分利用軍統這一組織在中國從事特務活動,除了在美國宣傳戴笠的種種神話式的傳聞和他在蔣介石身邊的作用,使得戴笠感到周身舒適以外,他還極力慫恿戴笠去美國遊歷一下。

而最能使戴笠感激不盡、終生難忘的恩賜,是在開羅會議期間,羅斯福總統當面向蔣介石提出希望能見一見這個中國的「希姆萊」。

戴笠聽到了之後,知道是梅樂斯替他在美國吹噓的關係,才使他得到外國領袖與首長的如此重視。他便愈加感到梅樂斯對他未來的前程關係太大,便更加親密合作了。

中美合作所不像字面上所反映的,好像是個研究所,中美兩國派幾個人合作研究點事情。戴笠要把這個機構搞成全球知名的諜報單位。

中美合作所是一個很大的機構,最多時全所人員達六千多人,

有包括能住上千美軍特務的別墅式宿舍、辦公室、餐廳、舞廳、禮堂、軍火庫、監獄等等。

建所時，應軍統要求，美方提供了大量的武器彈藥、特工器材、氣象設施、醫藥設備和車輛，只要跟特工沾邊的東西，沒有軍統不要的。

戴笠正要試試梅樂斯的誠意，一口氣就開出了漫天要價式的東西。

就說汽車吧，光吉普車就要了200輛；卡車，還是十輪載重的那種，軍統居然開口就要2000輛。美國人還真實誠，要就給，真的運來2000輛。其他的還包括幫軍統建起一所1000張病床的醫院，包括全套設備和醫藥，似乎就是軍統的「四一醫院」；還有足夠建立150座氣象臺的器材設施、近萬噸的特工器材和武器彈藥。要說美國佬還真是財大氣粗，到中美合作所結束時，所有美方提供的物資，均無償贈與軍統。

1949年初期，曾經在四川待過的人為體驗生活，曾到楊家山中美合作所原址參觀，據他們回憶，大家都不禁對中美合作所規模之大，設備、設施之先進感到驚嘆。楊益言特別提到：「它那曾停過2000輛美制軍用十輪大卡車的車場用地，竟占據了超過一所高校的用地。」後來成立西南政法學院，就用的這片地。

戴笠覺得梅樂斯很夠意思，戴笠也全力支持人員及情報，奠定了雙方合作的基礎。

其實，美國人一點不傻。梅樂斯這邊也在衡量，的確奉獻不少，但這東西能值多少錢，終歸那是有數的。梅樂斯他們看中的，是透過與軍統的合作，獲得相應的情報，打擊日本，而這些情報，單靠美方自己，是難於獲取的。

美國人的慷慨換得戴笠的回報：「美國人幹事不惜花錢，花多

少錢都幹,而且還要幹成,這是美國人的特點,當然了也得有這個錢才行。」

戴笠心想:「總想花小錢,辦大事,甚至不花錢、白撿,沒有那麼便宜。想去吧!一輩子也撿不著。」

英國人、蘇聯人、法國人都撿不到,因為都不願意花大錢!

第六章 上前線

　　雖然說梅樂斯對戴笠的個人威權很容易產生好感，但戴笠在前往中國淪陷地區的旅途中所表現出的無畏精神，這才讓梅樂斯打心底佩服他。

　　戴笠告訴梅樂斯，日本人也許在白天控制了主要的通訊線路和城鎮，但到了黑夜，在他們四周環繞行動的往往是走私大軍、海盜、地方抵抗分子和向軍統提供訊息和資助的難民們。

　　在絕大多數村鎮裡，地方執法當局表面上都支持汪精衛偽政府，但他們的警察頭目往往都是軍統體系的人，要不就是透過戰前戴笠主辦的警察訓練班而認識軍統的人。尤其是在華東地區，戴笠有他自己的「忠義救國軍」，其司令靠他提供物資和設備。

　　當日本軍隊從密探那裡得知附近有國民黨軍隊和西方觀察家，準備對其進行包圍時，戴笠總是及時聽到風聲，而得以轉移到他們在沿海的另一個安全據點。

到敵後

　　在仙霞嶺以南，即福建南部的浦城，日本人差點把他們抓住。這讓戴笠十分憤怒：「到我家門口撒野，日本人真是欺人太甚了！」

　　日本飛機開始轟炸這個鎮子，迫使戴笠他們放棄了駐地，在夜幕的掩護下躲進一片稻田。轟炸機飛過之後，戴笠轉向劉鎮芳，要他對梅樂斯（他的中文譯名梅深冬）提出一個建議。

　　「告訴梅深冬，我想讓他武裝我的5萬游擊隊並訓練他們與日

本人作戰。他行不行？⋯⋯」戴笠很清楚，沒有實力只有挨打的份。

戴笠接著又問：「美國對中國有很多需要，例如為你們的飛機和海上的船隻導航的西北氣象報告、關於日本人的意圖和行動的訊息、我們運河裡和海灣中的地雷，我們在海岸對船隻的觀察——還有發送這些情報的電臺⋯⋯」戴笠說到這，臉色轉為嚴肅，非常認真地一字一句地向梅樂斯說道：「我有5萬優秀的人⋯⋯他們是從最恨日本侵略者的人中挑選出來的，但他們只有土造或者繳獲的武器，而且大都沒有受過訓練。」

梅樂斯驚訝地打斷他的話：「沒有受過訓練？⋯⋯」戴笠用手阻止梅樂斯繼續說下去，他深深吸了口氣接著說：「但如果我們能夠滿足你們的需要，那麼你們的行動則要受到保護，而你們的人手不夠。所以，我的人若能夠武裝起來並且受到訓練，那他們不但能夠保護你們的行動，而且能夠為中國效力。」

梅樂斯，他曾拒絕了戴笠給他一個中國軍銜的提議，認為是對美軍的貶抑，同時也不會被美國接受，但對裝備5萬游擊隊卻很感興趣。戴笠等於是在提議建立一支5萬多人的中國游擊隊，由中美聯合指揮。

「讓我考慮一下！」梅樂斯要回去與同事商量一下。

他找來屬下路瑟，他對此感到懷疑，他主張謹慎從事，他說：「在與蔣介石這個聲名狼藉的特務頭子進行合謀之前，應先得到華盛頓的批准。」

但梅樂斯不這麼想，他認為他接受的「騷擾敵人」的命令就包括這一類的互相合作，而且戴笠既不是一個刺客，也不是一個使任何美國人都會感到恥與為伍的格別烏（OGPU）。

「我決定試試！」於是梅樂斯決定開始這項計劃。

戴笠回報的是一項中美雙方交換氣象報告、電臺偵收情報以及在內陸水域佈雷的計劃，也連帶的一系列活動正式開始，並得到戴笠認真的實施。

不久，戴笠又兌現了他的諾言，為梅樂斯舉行了布達儀式，正式任命他為中國少將，並發佈新職——中美所副所長，同時開了個必不可少的歡迎儀式，梅樂斯感到十分高興。

但是屈居中國人之下，實在是美國軍人第一人，為了找回點尊嚴，他再次提出要在中國控制的地區和敵後至沿海地區考察旅行，藉以顯示他的體力與智力，都比中國人「高出一等」。

梅樂斯順便又提到想到沿海走一趟，戴笠的答覆令他十分愉快，麥克胡則大為驚奇。「他馬上同意了？」「當然。」他點點頭，「你可以跟我一起走，我們明天就出發。」

但他的幹部們認為太倉促了。首先，照梅樂斯所建議的組織，應該先設立一個總部；而且還得有第一座電臺。他們又說，有幾處的建築正在設計之中，而且最近有些敵後的幹部要回來向戴將軍報告，日內就要到達了。

「好吧」，他同意了，「我們下個禮拜一同出發。」

戴笠早看出梅樂斯還是有些大美國沙文主義，為了日後工作順利，戴笠只好徹底去掉梅樂斯心中的種族優越感。戴笠的反應非常積極，因為他把這看做是一個既能向梅樂斯顯示軍統統治的威力，又能將他們的合作計劃推向嶄新方向的機會。梅樂斯提出攜上海前全球無線電公司記者、現在又代表重慶的鄧諾文和阿爾·路瑟同行。

戴笠對鄧將軍印象十分不好，原本對此提議感到掃興。但他最終向梅樂斯保證，旅行的邀請也包括路瑟，同時做出了一系列安排，坐卡車或步行穿越東南部的懸崖峭壁，到達福建省多岩石海岸

的艱苦跋涉,並由戴笠本人親自帶隊。「這就是戴笠將軍,一個永不按牌理出牌的人!」梅樂斯事後佩服得五體投地,他向路瑟擠擠眼微笑著說。

更讓梅樂斯訝異的事又發生了,戴笠決定讓他參觀軍統總部,並邀其他美軍代表一起,他說:「今後大家都是一家人了,應該走動走動!」第二天一早,麥克胡與他被邀參加戴笠所召集的內部工作人員彙報。

「這真是空前的事」,麥克胡說,「我在中國住了這麼多年,從來沒有見過這些人」。

他們很快就發現,戴笠是一個很會任用人才的人,他手下的幹部,沒有一個是唯唯諾諾的。當戴笠要梅樂斯簡報他的提議時,他們都非常專心注意傾聽;然後就毫無顧忌地發問,並且說出他們贊成或反對的理由來。

梅樂斯所提出的每一個細節,他們都獲得充分的瞭解,並提出了意見。當戴笠表示原則同意,並且歸納大家的看法做出結論的時候,他們都在旁點頭,表示贊同。

梅樂斯的話逐漸為他們接受。最後,戴笠問梅樂斯要帶什麼人,需要什麼地方?梅樂斯知道:「我曉得我的第一個重要步驟已經成功了。」

會後他回到嘉陵賓館取他的東西,他們通知說馬上就可以遷入新居了,於是梅樂斯就邀請了麥克胡做他的客人。

那一次晚宴的確了不起。楊將軍與戴笠手下的人也都被邀了。麥克胡表示,據他所知,在中國一連兩個小時的正式宴會上,從來都沒有不帶雞鴨的。戴笠則解釋說,因為知道梅樂斯對於家禽類的食物都會敏感,所以不備。梅樂斯想:「這一定是肖上校根據過去和我一起進餐的記錄向他作的報告。」在進餐時,梅樂斯吃了蛙

肉,他們都笑梅樂斯;原來中國話把這種蛙叫做「田雞」。

梅樂斯記起魯賽那個人,他原來在上海替環球無線電公司工作,後來是杜諾萬上校的手下,杜當時也主管情報。梅樂斯認為魯賽在無線電方面的技術與知識甚為卓越,而他又一時找不到別的人,所以他請求戴笠准許他帶魯賽一造成沿海地區去。

戴笠沒有反對。他說,他曾獲得蔣委員長的訓令,只準他與梅樂斯中校合作。不過,「他自己則認為凡我所挑選的同伴,也可以包括在內」。

出發前梅樂斯想,「艾迪劉與他同行擔任傳譯,沿路搭便車,應該沒有太多的困阻」。但戴笠卻曉得有多麼艱難,即使是在有道路的地方,重要的物資如車輛、車胎、彈簧、汽油、潤滑油等等,都是很難得到的,中國已經苦戰了五年,這些物資都在嚴格控制之下。

同時,所有的交通工具都由政府經營。每一輛機動車輛都要有載貨的清單,在經過檢查站時就有人按照清單來檢查。沿途搭載乘客,叫做「搭黃魚」,司機可以收取費用。

而戴笠正是負責這些監督行動的,如此可以防止走私與間諜活動。所以,如果按照梅樂斯的想法上路,他認為:「根本連重慶市區都出不了。」

梅樂斯雖然到重慶不過短短的幾天,但他已經覺得,中國人對待外國人的態度與從前大大不同了。

以前,有自19世紀末葉到20世紀初期傳下來的「領事裁判權」,因而使歐美和日本等國在華的僑民,自認為是天之驕子。

外國人控制了中國的海關,監督戰爭的賠款。外國商民有他們自己的法庭,可以按他們自己心意玩弄法律。有許多中國人因此便把白種人看得比他們自己高了一等似的。

現在，中國人的看法不同了。抗日戰爭打了幾年，中國軍隊依然屹立各戰場上。中國的各大城市都曾遭日方的轟炸。沿海地區更多已淪於日軍占領下。但日軍之所謂占領實在是虛有其表。即使在日軍控制最嚴密的地區，中國的游擊健兒照樣十分活躍。日軍想要贏得戰爭，簡直是遙遙無期。

迷樣東方

中國在日軍敵後的游擊戰，是戴笠最直接的抗日作戰的表現。

在中美合作所裡，美軍人員一掃之前高傲白種人的態度，完全融入中國人的生活方式中。特別是親眼看到中國人民抗日條件之艱苦，但抗日決心之頑強，無論日軍如何狂轟濫炸、肆意屠殺，中國軍隊仍然屹立在戰場上，誰還能對這樣的民族加以輕視呢？

很快，這些美國軍人成了「戴笠將軍忠義救國軍的一部分」。人們常把這些勇敢的美國軍人稱作「稻田將軍」，他們廣泛地分佈在中國各處十個大隊中。

抗戰勝利後，據梅樂斯透露，至少有7.1萬日軍是被中美合作所的武力所殲滅。據統計，中美合作所在中國各地舉辦了22個特工訓練班，教授如何破壞日軍設施。美軍還為軍統提供了9000餘噸特工器材、武器彈藥和軍用物資，裝備了10萬餘名軍統人員，大大加強了中方對日作戰能力。美方還捐助了上千張床位的大型醫院。為了破壞日偽地區的經濟，由美國出技術，軍統印製了大量汪偽政權的偽鈔，最早甚至是在美國印刷的。

另一方面，中美合作所也給美軍帶來很大的幫助。戴笠把破譯日軍密碼的技術無保留地傳授給美軍，令美軍得以取得中途島勝利，並炸死日本海軍司令山本五十六。

二戰後，美國的一份報告評價中美合作所提供的軍事及氣象訊息，「成為美國太平洋艦隊和在中國沿海的美潛艇攻擊敵海軍的唯一情報來源」。

　　合作中，梅樂斯也成了戴笠的朋友。戴笠死時，由於美國政府在國共之間的微妙關係，蔣介石一直把戴笠的正式葬禮延到一年後，等梅樂斯以非官方名義回到中國。顯見兩人的友誼已超出常人。

　　文化差距讓美國人感到困惑，兩國人民的體質更是差了一大截，梅樂斯說：「中國人的體質差得可憐，行動遲緩，但卻又強硬兇猛。」他對國軍無錢買皮鞋，卻身手敏捷感到好奇。他說：「中國草鞋軍優點，是原始的中國腳，農民勁，出色而兇狠的黑夜殺手，黑夜行動的夜視力令人驚訝。」

　　另外，中國人的射擊特別優秀，成立中美合作所除了觀測氣象、偵譯敵方電訊等工作，還訓練裝備游擊隊，招收愛國知識青年，加強沿海及各島嶼的佈置，潛入敵後與日軍作戰。

　　美海軍因為得到中國政府的協助，成立了中美合作所。在戴局長和梅樂斯少將的精誠合作下，自成立到今日，完全以促進中美兩國共同利益為目標，努力打擊敵人。就其密切合作的程度而言，中美所實為此次聯合作戰期中各嚴密組織，能不受語言障礙，而始終融洽無間的唯一機構。

　　梅樂斯最為懷念那段一起抗敵的日子，那真是充滿了袍澤愛，兄弟情。中美所人員，同食同處，共作共息，並肩作戰，甘苦與共。他們深知其所負職責的重要，他們所供應的情報，是美國太平洋艦隊和在中國沿海的美潛艇攻擊敵海軍的唯一情報來源。

　　北至戈壁沙漠，南至越南邊界，中美所在各地設立氣象、交通、情報等組織。大部活動，以南北戰場敵軍後方和中國沿海地區

為重心。中美所的美籍官兵,他們習慣地化裝成華人,在華人嚮導和暗中護衛之下,隨時隨地往返敵軍陣地。

開明互信是中美所合作精神永垂久遠的象徵。在中美合作所裡,美軍與華軍並肩作戰,相互扶持,美國人的長處中國人吸收,中國人的優點美國人學習,美國人員一掃之前高傲白種人的態度,中國人也表現得不亢不卑,並不因為物質匱乏而信心動搖。

美國人經過一段時間與華人共同生活,已完全融入中國人的生活方式中。特別是親眼看到中國人的抗戰決心,朝野之間的相互扶持與相互體諒,全國同胞一致對外。

中國人民抗日條件之艱苦,讓梅樂斯這些外國人不再浪費。原來事事要優先,享受要高檔的行為,也完全不見蹤影。梅樂斯在日記上寫道:「中國人很窮,但抗日決心頑強。」

一顆中國心

中美合作所成立的時候,曾簽訂一項協議。根據協議,主任是中國人,副主任是美國人,他們對於整個中美所的作業都有否決權。戴笠與梅樂斯都很清楚,創造一種國際間的信任,最重要的因素乃是為達成共同目標而必須獲致的真誠協議;為了從速地戰勝強敵日本,雙方都不容許有類似種族的偏見存在。

戴笠固然不以優越的地位強迫美國人做一件不合理的事情;梅樂斯也不意憑藉否決權來固執成見地造成意見的分歧。

雙方都是在互相尊重、互相信賴之下進行工作。因此,中美所的全體人員他們每人所希望做到的是如何克敵致果,如何協助戰區的盟軍。他們的努力,從未得到相反的效果。

梅樂斯常常訓誨他的部屬,不要讓別人以為自己有優越感。他

曾說：「我們美國人，一方面固然不容許被別人屈服。同時也應該克制自己，不要想屈服和我們共事的中國人。」

根據他和戴笠親赴東南沿海的經驗，他以為：「許多缺陷和弱點，都必須自己解決。一個人如果不從親身經歷中瞭解戰地的各種問題，而只坐在辦公桌上憑空發號施令，那是不切實際的。」所以他鼓勵美國人必須多去戰地獲得經驗，在中國從頭學起。

中國是個貧窮的國家，尤其在獨力支撐了四年抗日戰爭以後，特別顯得拮据困難，公務人員的待遇非常菲薄。戴笠的軍統局人員，雖然擔任了特殊艱巨的任務，也不例外。

但戴笠卻本著中華民族一貫的自立自強精神，和蔣委員長「中國情報人員日常生活應嚴肅化」的訓示，只給予口頭或精神嘉勉就夠了，絕不願接受美國金錢的贈予，來改善同志的生活待遇，來獎勵工作的進行。

此一基本合作立場，特別引起梅樂斯將軍和美國朋友的尊敬，也更增進了合作的密切。

梅樂斯將軍和他的部屬，經常發現接受訓練的軍統局同志之中，有很多能幹的人才。他們負擔危險的任務，顯然不是想獲得那微薄的薪水，而是基於他們對國家的忠貞，對事業的信仰。因為他們的薪金，相當於國軍官兵的待遇。縱然有些額外的津貼，也微乎其微，僅夠添置些出差的服裝與零星費用。但梅樂斯讚佩道：「他們卻越窮越堅定，越奮勇。」

梅樂斯將軍曾向戴笠建議，中美所的工作人員，凡是做諜報工作或破壞工作完成一次任務的，一律發給獎金，由美國支付。但戴沒有同意，他以為「忠貞是不能用金錢買到的」。這就是軍統局的基本精神，也足以說明戴和美國合作的立場。

戴笠認為：「在中國戰場上打擊日軍，最好讓中國人自己來充

分表現力量，這是理所當然的事。」

但美國人的協助，除了技術知識和武器物資之外，最重要的是一種尊敬信賴，竭力樂成的開明合作精神。不但可以建立部隊的信心，增強工作的力量；而且還可以使雙方同舟共濟的奮鬥生活，成為一種永恆不忘的珍貴友誼，中美所的合作精神，就是如此！

中美合作所的意義，不僅可以表現在海空軍方面，在聯合作戰應用方面，他們表現著中美之間的友誼與瞭解，戴笠跟梅樂斯講：「我們在使兩國之間的國際關係更形親密，我們在血與火之間建立著友誼，其成效比外交家還好。」

由於軍需日用品供給困難，中美所的工作人員不因得不到個人的滿足而稍有怨言，然而每個人都知道這是判斷英雄的方法，「我們彼此盡最大的力量互助著」。

這個合作的確立，使兩人相信在中美兩國之間沒有克服不了的難題，而且極容易互相瞭解與合作。

打鬼子

戴笠一有時間就會對梅樂斯進行教育，他形容：「抗戰精神是中華民族萬眾一心抵抗侵略的偉大民族精神，在新的歷史時期，我們同樣要大力弘揚抗戰精神。」

他又說：「抗戰精神是不畏強暴的拚搏精神。」

侵華日軍當年在中國製造種種恐怖的暴行，慘無人道，令人髮指，其施暴行為一直伴隨著整個侵華戰爭。面對日軍的法西斯暴行，他強調：「中國人民不屈不撓，始終進行著殊死的抗爭和英勇的拚搏！」「而且是孤獨無依的！」他激動得兩臂誇張地朝天比劃著。他多麼希望盡快讓梅樂斯瞭解中美合作的真諦。

「抗戰精神就是捨身救國的奉獻精神。」戴笠說。在抗戰中，湧現出許許多多中國軍民以身殉國的感人故事，從中折射出驚天地、泣鬼神的奉獻精神。

戴笠舉了國軍八十八師第五二四團團長謝晉元「八百壯士」的故事，謝晉元囑咐其妻兒回廣東原籍生活時說：「生為人就要報效國家，為社會做些事，謀些大眾的幸福，豈能被夫妻的朝朝暮暮所累！」言辭間充滿著抗日救國的激情。

淞滬抗戰爆發後，他率領400餘官兵堅守四行倉庫，孤軍抗擊日軍4晝夜，愛國壯舉傳遍海內外。類似謝晉元那樣捨身抗日的愛國將士在抗戰時期還有許多。可以說，沒有數不清的仁人志士為國捐軀，「中國抗戰的勝利是不可能的」。戴笠對梅樂斯強調：「以血肉築長城你懂嗎？」

戴笠還指出，抗戰精神還體現為統一抗戰的團結精神。面臨民族危亡，中華民族實現了最廣泛的抗日民族統一戰線，海內外中華兒女地不分南北，人不分老幼，團結一致，共同抗戰，形成了戰勝日本侵略者的無堅不摧的力量。

戴笠希望梅樂斯不要重蹈英法蘇的覆轍，「為德不卒。」他說，「抗戰精神集中表現了中華民族自強不屈的鬥爭精神。中國人民的持久抗戰，使數百萬日軍陷入人民戰爭的汪洋大海之中，粉碎了德、義、日組成的法西斯聯盟稱霸世界的夢想，為世界反法西斯戰爭的勝利作出了重要的貢獻。」

他指出，美國在自由民主的一方，是代表著正義的一方，在抗戰的過程中，看著中國人民始終充滿著必勝的信心，不怕犧牲、不怕困難、不畏強敵，進行艱苦卓絕的抗爭。

因此，美國應該全力支持，不求回報。梅樂斯經過戴笠的不斷「洗腦」，原先也很反感，不認同他的大道理。但幾次死裡逃生，

都是中國人救的,幾次因為中國人的犧牲,才讓美國人獲救。他終於體會出:「正是這種偉大的信念和犧牲的精神,是中華民族終將迎來抗日戰爭的偉大勝利的保障。」

梅樂斯在不斷地接觸戴笠以及他的屬下與中國人民後,終於瞭解了抗戰精神的意義。他感受到一個偉大的民族與國家的建立與產生,是需要有一些內在與外在條件的,一個偉大的國家,是不能忘記過去歷史的記憶,無論是輝煌或是悲慘的歷史記錄;同時,他認為一個偉大的國家是不能喪失國家奮戰的精神。國家要爭氣、要進步、要向上提升,而人民要奮鬥、要努力、要貢獻;國家要強盛要壯大,必須要靠全民共同來努力,全民必須要謹記過去的經驗與價值,方能惕勵自己,進而開創美好的未來。

兩人都是軍人,但梅樂斯沒有戴笠的對主義、對黨的信仰。戴笠常常試著帶給梅樂斯一些國民黨的主義思想,他多次強調孫文思想所提的建軍理想是「主義」,而非「民主」。他希望軍人發憤自己,但必須「主義是從」,而且要「一心一德」,以「民國」與「大同」為目標。

戴笠畢業於黃埔軍校,他常常向梅樂斯開玩笑:「我是中國的西點軍校畢業的!」他深以親歷黃埔建軍、東征北伐、抗戰等輝煌歷史為榮,認為擁有優良的傳統與精神,尤其是以「犧牲、團結、負責」為主軸的黃埔精神,是他畢生奮鬥的目標。

回想黃埔建軍已經二十餘年,但戴笠認為:「其所強調的種種精神卻是與時俱進的。」不只有「犧牲、團結、負責」的精神,還有國父孫中山先生親頒的「親愛精誠」校訓,以及「不貪財、不怕死、愛國家、愛百姓」的志節等,都不斷地提醒著他:「雖然時代在進步、環境在改變,但是黃埔精神永遠是軍人必須時時刻刻拿來砥礪與警惕自己的精神氣節。」

他常說,黃埔精神中的「犧牲」是犧牲自我的利益,以國家的

存亡為己任，也就是捨身為國；「團結」也就是黃埔校訓「親愛精誠」所強調的，共生死共患難的合作精神；「負責」當然就是要盡心盡力地將本身該做的事情努力完成，培養負責任的態度，並將這些精神確切地落實在軍中倫理方面。

　　如何將黃埔精神落實在軍中倫理觀念中是他關心的話題，戴笠一直告誡部下：「首要的就是要摒除個人英雄主義。」其次是懂得「犧牲自我」才能成就部隊整體的榮譽，不在乎個人的利益得失、不貪財、不怕死，才能以國家的興亡為己任。

　　他也感受到目前的對日抗戰，在中國是不分男女、老幼，不分地域黨派，大夥一同為國家與為民族爭一口氣、爭生存。在美國則是懲罰侵略者，「老百姓是體會不出的」。

　　梅樂斯終於理解到，日本在抗戰時期的暴行，是許多老一輩中國人之痛苦記憶；他認知了中國的老祖先們，當初為了要保存中華民族的根源、文化與自尊；為了捍衛與建設自己的家園；為了要喚起民族的意識，他們努力地建立屬於中華民族的自尊與自傲；梅樂斯都在默默地吸收著，並且深以為他對當前任務的訓勉。

第七章 剋星

　　中美兩國聯軍在日軍敵後的游擊戰，給侵華日軍造成了相當的兵員損失，削弱了日軍「以戰養戰」搜刮淪陷區支撐前線的能力。

　　據1938年8月至1940年5月在華北方面軍參謀部任職的加登幸太郎說：「現在回憶起來，筆者在任時，整個方面軍一天平均死傷50名。50名雖不多，但一年就有1.8萬人離開戰鬥序列，真是大消耗戰。」

閃電戰

　　有人說：「凡是有中國人的地方就有戴笠的情報人員在活動！」

　　這些地方包括：印度支那、印度尼西亞、婆羅洲、福摩薩、暹羅、馬來半島、南太平洋群島、錫蘭、緬甸和印度。

　　到了戰爭的後期，戴笠的特工不僅在地理上而且在策略上都可以說無處不在。他們在馬尼拉有城牆環繞的區域裡傳送氣象預報，一直到麥克阿瑟登陸。他們在南京、漢口及所有被日本人占領的中國城市內組建警察部隊。

　　日本人發現這些警察願意合作，便讓他們照常管理，卻不知所有中國的警察都是戴笠的人。他們在日本空軍內有一個單獨的傀儡飛行隊，接受秘密命令，將日軍的轟炸機於9月15日轉交給戴笠在西安城內的組織。而且在整個戰爭時期，在日本本土的東京皇宮裡都有戴笠的特務。

　　一個美國情報官的經驗，可以說明戴笠在敵後活躍的程度。

在日占區執行秘密任務時路過一個小村子，在當地的客棧下榻。他與客棧老闆一起喝著地方酒並成了朋友。為了安全起見，這位美國人冒昧地建議他們去搜尋所有顧客的行李。說到底，這是挺難執行的任務，朋友二話不說，向老闆耳邊說了幾句話，老闆竟聽命辦理。美國人懷疑，他難道是客棧主人的「老闆」？甚至是戴將軍要他幹的嗎？

後來，當他們在醉意下搜尋了旅店的其他房間後，美國人說他原以為這個小村子對於安置一個常駐的秘密警察特工來說太小了點。「多小沒關係」，據說那店主這樣回答：「在中國每個地方都有老闆的特工。」

敵後游擊隊是國共兩黨共同成立的，強調所謂的「融於群眾」，這當然便利自己隱藏，但卻有很大的副作用，其中最大的是利用平民當擋箭牌，逼迫對手製造戰爭暴行，如日軍在侵華戰爭中執行的「三光政策」和「無人區」，違反人道主義原則。

戴笠的游擊戰與共軍相似。效果很好，但是採用游擊戰的區域有時會高壓壓迫所倚仗的群眾，以達到完成戰略目的意義，是「恐怖主義」的慣用手段，這也是一種持久戰，大大增強了戰爭的殘酷性。

但是，畢竟由於游擊戰基本都由弱勢的一方發動，在正規作戰難於取勝時這可能是唯一有效的軍事手段，並且游擊戰若要成功必須獲得所在地平民的支持，所以此批評也頗有爭議。

但游擊戰爭是在全局戰爭中占重要的戰略地位的。戴笠深信，沒有游擊戰爭，忽視游擊隊和游擊軍的建設，忽視游擊戰的研究和指導，對日作戰也不能取得勝利。

原因無他，乃是大半個中國將變為敵人的後方，如果沒有最廣大的和最堅持的游擊戰爭，而使敵人安穩作戰，毫無後顧之憂，則

我正面主力損傷必大，敵之進攻必更猖狂，相持局面難以出現，繼續抗戰可能動搖。

即若不然，則我反攻力量準備不足，反攻之時沒有呼應，敵之消耗可能取得補償等等不利情況，也都要發生。

假如這些情況出現，而不及時地發展廣大的和持續的游擊戰爭去克服它，要戰勝日本也是不可能的。

因此，游擊戰爭雖在戰爭整體上居於輔助地位，但實際占據著極其重要的戰略地位。抗日而忽視游擊戰爭，無疑是非常錯誤的。

這時候，在短短的三個月之內，英國人、荷蘭人，都先後在日本人那裡吃了大苦頭，不得不將主力撤離，將實力隱藏在民間，也在敵後打游擊。

美國強大的艦隊，在珍珠港遭日方慘重的轟炸，兩艘英國的戰艦被炸沉在南海海底。香港、新加坡、爪哇都告陷落。馬尼拉也被占領，美菲軍民雖浴血奮戰，但也守不住巴丹。整個菲律賓與荷屬東印度全部淪入敵手。

日軍的實際戰略目標是盛產石油的荷屬東印度群島（現印度尼西亞），襲擊珍珠港也只是戰略支持任務。為取得荷屬東印度，必須要經過英屬的馬來半島。

日軍對馬來半島的進攻兵分兩路：一是陸路在太平洋戰爭爆發之前已經進占印支南部的近衛師團，從陸上進入泰國，占領曼谷後，沿馬來半島南下；另一路是山下奉文中將率領的第5和第18師團，分批從海上登陸。為了支持登陸行動，日本海軍以小澤治三郎海軍中將指揮的南遣馬來艦隊負責掩護，轄有重巡洋艦5艘、輕巡洋艦4艘以及護衛艦隻。

Z艦隊到達新加坡的同一天12月4日，日本浩浩蕩蕩的登陸艦隊從海南三亞啟航，向馬來半島進發。12月6日登陸艦隊轉向西

北，佯裝開往曼谷，聲稱要切斷印度與中國之間的運輸線。

12月7日上午，英軍偵察機發現日軍艦船，英軍判斷日軍將先在泰國登陸。其實，這支登陸輸送隊於7日12時已突然轉向，分兵數路，駛往哥打巴魯（馬來亞）、北大年（泰國）和宋卡（泰國）。

1941年12月8日凌晨1時45分，入侵艦隊的南路5千多名日軍在4艘驅逐艦交叉火力的掩護下在哥打巴魯登陸。這時4500海里以外的珍珠港以北，突襲機群正在準備起飛。

兩個小時後，日本登陸部隊擊退了哥打巴魯的守軍，控制了日本新帝國的第一個灘頭堡，珍珠港的突襲機群也飛臨美太平洋艦隊上空。

隨後宋卡和北大年的登陸部隊也成功地守住了陣地，並且各地的登陸兵上岸後，迅速搶占附近的機場。8天後，日軍航空兵對馬來半島尚未被其地面部隊占領的機場和新加坡航空基地進行多次空襲，大英帝國的空軍已損失殆盡。

12月8日下午，菲利普斯中將在沒有空中掩護、敵情不明的情況下率領Z艦隊冒險出航。12月10日，Z艦隊終於厄運難逃，日軍22航空隊85架飛機用2個小時乾淨利落地將威爾士親王號和反擊號擊沉，遠東海軍主力不復存在了。

當戴笠聽到這一噩耗時，他轉臉向梅樂斯低聲說了一句：「香港守不住了！」

持久戰

豈止是香港，後來演變為整個東南亞在很短的時間裡也淪陷了！

由山下奉文將軍率領的登陸部隊——第5師團、第18師團均為日軍的精銳部隊。其主力從宋卡、北大年等地登陸，而後向馬來半島西南穿插，然後沿西海岸向南推進。牽制分隊從哥達巴魯登陸，而後從馬來半島東海岸南下。兩股日軍在輕型坦克和空軍的支持下隆隆南下，多數日軍備有自行車。

12月11日，由英軍希思將軍指揮的印度第十一師首先和日軍交火，儘管印度軍隊在數量上有三比一的優勢，但部隊訓練很差，裝備處於劣勢，「軍官與士兵的團結意識又幾乎等於零」，所以這樣一支軍隊與日軍對抗其結果是可想而知的。

日軍西路部隊分隊於12月19日占領了檳榔嶼上的英空軍基地，消除了英聯邦軍隊從印度、緬甸方向對馬來半島守軍進行空中支持的可能性。西路主力沿西海岸急速南下。東路部隊於1942年1月6日攻占關丹，然後向柔佛州前進。西路部隊於1942年1月11日攻進馬來亞首府吉隆坡，然後繼續前進。

「失敗的陰影像瘟疫一樣在英軍中蔓延，而且撤退很快就變得無法控制，越來越多的裝備落在日軍手中。」

日本空軍可以在英國的機場裝上英國的燃料往英國的陣地上投彈。日本步兵騎著自行車緊緊追趕撤退的英軍，他們三人一排，有說有笑，好像是去看足球比賽。

數以百計的車輪匯成嘈雜一片，潰退的印度軍隊驚恐萬分，以為是坦克在追趕他們，數千輛這樣的自行車發出的響聲確實有點像坦克。馬來半島灼熱的路面令自行車車胎很快爆裂，日軍士兵乾脆剝去橡膠胎，只用鋼圈騎行。

戴笠告訴梅樂斯：「英美荷都嘲笑國軍戰鬥力差，但是他們打得又有多好？」「我們國軍的主力始終沒有被摧毀，有生戰鬥力始終保持並分散在游擊隊中，這就是轉敗為勝的本錢！」

中國與日本單獨作戰了四年，沒被打垮。英國與日本打了一年，全軍覆沒。

美國與日軍交手也是一年多，丟了菲律賓及南太平洋所有基地。

對比英美荷的兵敗如山倒，反觀中國人曾孤軍奮戰，對付相同敵人達數年之久而屹立不屈。誰還能對這個國家再加輕視？梅樂斯白種人「優越」的觀念漸漸消失了。梅樂斯此時對中國軍隊的吃苦耐勞、機動耐打，又有了一層新的認識。

他驚訝地發現，過去，中國好似只有百分之六十的獨立主權；但現在中國人卻變成了百分之二百的民族主義者。

戴笠將軍似乎沒有想到誰比誰更優越的問題。在他心中，「這是互相幫助，誰也不欠誰」。

戴向梅透露，因為這種考慮，他才同意與梅樂斯結伴而行。麥克胡與高斯大使都認為這簡直是不可能之事。在一週之內，梅樂斯發現，這將是採取與奉派來華使命有關的第一個真正重要的步驟。

梅樂斯回憶與戴笠的交往，讓他感覺不虛此行，他原先是對來華抱著反感的，他在日記中寫道：「在我到達重慶的最初幾天，我的耐性受到了考驗。」在一個晚上，他沮喪得簡直睡不著覺，在第二天晚上，他卻又興奮得無法成眠。不到一個星期，他不但在這新奇的環境中站定了腳，而且也得到了「戴將軍推心置腹誠意的優容」。

無論是高斯大使還是麥克胡中校，他們都不太相信會有如此的事，梅樂斯也不敢相信：「我甚至還安排好，隨同戴將軍一起，一同從重慶出發，去遙遠的中國沿海地區一行。」梅興奮地寫在日記裡：「我們不但要進入日軍占領的地區，而且他們還將帶我穿過這些地區幾百里。」

當然，這個由戴笠「親自出馬的巡視」，顯然還會有所變更。日本人隨時都可能破壞他們的計劃。不過，在過去，中國人顯然還從未准許過一個外國人，在他們飽經兵燹戰禍的國土上，做過如此廣泛的旅行。

　　因此，梅樂斯認為：「無怪在我們的大使和海軍武官兩人眼中，我未來的旅行，幾乎是令人無法相信的。」

　　不過在最後一刻，戴笠突然改變了計劃。日軍正從沿海朝內地發動一個新的攻勢，戴笠的一支游擊部隊正在這個受到威脅的地區。

　　他告訴梅樂斯說，他必須趕去看看，究竟能給他們一些什麼幫助。

　　麥克胡冷冷地說：「他原本就已對我講過了，高斯大使聽了這個消息，心裡顯然也正做著同樣的想法。」據大使館的人說，戴笠對於像這樣一類的事，有時雖然會答應，但是絕不再重複一遍，絕不當真付諸實施的。

　　麥克胡顯然斷定，這個預想的旅行是不會實現的。他知道有一個英國代表團，他們也希望做一次類似的旅行，但至今無法成行，「因為得不到戴將軍的協助」，麥克胡冷冷地說。

　　就在這個時候，因為始終沒有一點眉目，英國人正在準備飛回印度去了。「外國人是沒有一個人能和中國特務機關合作的」，麥克胡說，他也許正想著英國朋友心裡所想的，「因為他們堅持要保持作業控制」。「好吧，這是他們的國家」，梅樂斯心裡想著，「這也是他們的特務機構」。梅樂斯並不認為戴笠霸道不講理，反而認為不經他的協助，一群藍眼睛的老外，在日本占領區不被發現才怪，梅樂斯說：「我知道，如果情形倒轉過來，如果在戰時，中國人來到美國，就像我們這時來到他們的國家一樣，我們當然也希

望要保持作業控制的。」

對於梅樂斯的諒解，他的同僚反而不諒解，認為尊重次等國家的特務，是自降水平之舉。梅樂斯卻辯解：「當然，我希望能盡我最大的力量，來實現我的命令，但我現在是在中國。」至於遵守在中國的相關規定他認為也是合情合理的：「如果中國人訂出一種規矩，在我認為，如果他們真是訂有這種規矩，顯然是很合理的事，我是願意遵照這種規矩去做的。」

不過這時梅樂斯已經知道，戴笠改變計劃，並不一定就是取消他的旅行。

魯賽和梅樂斯一同前去。劉鎮芳上校（即艾迪·劉）可以陪他們同行，在一個星期或十天之內，在一個約定的地點和戴笠會合。

戴笠認為，那樣可以讓梅樂斯有一個機會，在途中去參觀一個專為訓練學員拼裝水雷的中國海軍設施。

談到他的翻譯，梅樂斯也很滿意，同時充滿謝意。

艾迪·劉最初介紹給梅樂斯的時候，他們只是稱他「密斯特劉」，梅樂斯當時根本不知道，在他們最初相遇的時候，他在中國陸軍中的軍階，原是上校，比梅樂斯的軍階高一級，但作為他的翻譯官，他就等於做了梅樂斯的下屬，為瞭解決這個問題，他們便只有把他的軍階降低了一級。

後來梅樂斯升了海軍上校，艾迪·劉才恢復原來的軍階，「不過在我們同在一起的那些年裡，軍階的問題絕未影響到我們的密切友好的關係。」梅樂斯事後肯定劉的胸襟與識大體。

梅樂斯的心情不受同事的影響，也不受英國人的挑撥，說：「當我們知道我們的旅行根本不延期時，他也像我一樣感到非常高興，尤其在我通知麥克胡可以出發時，那種心情更非比尋常。」

他和大使館中其餘的人，都曾那麼確定戴笠是絕不會准許外國人去做這樣一種旅行的，但是梅樂斯很高興現在就可以向他們證明，「他們的想法是錯了」。

敵後勇士

　　在1942年6月26日晨，梅樂斯他們爬上了一輛道奇卡車。他們總共有12個人。梅樂斯被告知，沿途很多敵偽及漢奸，因此「我們決不能顯露一點官方的氣息」。

　　梅樂斯的部屬魯賽光著頭，沒有帽子，穿一件皺癟的短夾克，一條短褲。翻譯艾迪·劉也光著頭不戴帽，大多數時候只穿一條短褲，一件白襯衫，打開了領子，捲起了袖管。梅斯也做類似的打扮，只是多穿一件羊毛衫。

　　他們大家每人帶一個鋪蓋卷，把一些替換衣褲，零星雜物，通通捲在裡面。每人還有一個洗臉盆，一個杯子，一個飯碗。

　　梅樂斯還在他印度繩子拉口袋裡裝進一些急救的醫藥物品，一些維他命丸，一個照相機，一些膠卷。卡車上還裝了幾桶汽油，一些無線電設備和笨重的機件，他的廚師劉潛錫也帶足了他的必需品。

　　他們還有一個管「總務」的人，他始終不知道他究竟叫什麼名字，他所帶的東西很少。不過，他們的無線電電務員卻負責著一批笨重的設備，他一直都非常小心地守護著，後來他儘管人在遠處，仍然相當扎眼。梅樂斯笑著說：「我們的『修理先生』在我們中間幾乎像一個花花公子，他穿一身上海呢的灰色中山裝，領子裡面貼著一條潔白硬領。」但不久之後他的呢帽和白襯衫都開始破舊了。他的一條西褲，過了不到幾個鄉鎮就破了。他索性脫了它，打赤膊

穿短褲，因為「吃苦的路程才要開始呢」！

他們一路繞著圈子，途中他們不止一次見到了日本轟炸後的場面：一次，他們剛離開一個城，幾架日本飛機便俯衝下來投炸彈。在曲江（廣東韶關）——那是我們所到離香港最近的地方——整個城，炸得那麼徹底，所有旅館都炸得一家不剩。梅樂斯日記寫道：「我們不得不借宿在江面的舢舨船上。」

不過，這時到了閩北，他們知道，日本飛機只要想來，隨時都可以來，海邊相隔，飛機飛行，不用一個鐘點；同時在浦城以北，不到一半路程，日軍便守衛著一直從上海始發的那條鐵路。

當他們到達浦城時，他們才發現浦城是一個並不很大的城市。一片平地，四周稻田，中間夾著一些樹林和農作物的田地，遠遠近近的一些林木掩覆，並不很高也不規則的山嶺，四周環境——甚至連已經有些傾圮的古老城牆——沒有一處有戰爭的景象。

自從梅樂斯在重慶著陸以來，雖還不過一個月的時間，他已得出一個結論：「戴將軍絕不是一個輕於然諾的人。」但當他們到達浦城時，他們卻發現他不在。他們出發趕去找他。他卻通知梅樂斯等人回去。

後來知道，他們實際已經穿過了一些日軍占領的地方。不多一會，戴笠也到了。

他顯得很疲憊，眼角還留著一絲絲的淚痕。後來梅樂斯才知道，他在老家附近指揮軍事，已幾天沒有闔眼了。

艾迪·劉後來告訴梅樂斯，連戴笠的一部分行李也給日本人奪去了。

艾迪·劉告訴他這話時，還跟他說，鄰近戴笠的出生地江山縣，已給日軍占去，他的母親和兩個孩子，都音訊全無。

聽到這話,梅樂斯不禁想到在華盛頓的情報數據文件裡,關於他母親兩次被他親手殺死的報告。梅樂斯感到十分尷尬,也感慨這些五角大廈裡的「中國通」,其實是「狗屁不通」!

這時雖然他已非常疲憊,梅樂斯卻看到他還照常工作著,他的一些特務人員陸續趕來。他們通常都穿藍布衫,光光的沒有一個符號。也許就因為這個緣故,美國及西方的情報人員便把這些人稱做「藍衣社」。

艾迪·劉告訴梅樂斯,蔣介石委員長在軍事委員會下成立特務情報組,並由戴笠領導。同年蔣密令戴笠與其他黨內成員秘密組織「力行社」(又稱藍衣社)、「中華復興社」,其中戴笠擔任中華復興社特務處處長,與CC系「中統領導陳立夫陳果夫兄弟」的中央情報處各自獨立,戴笠借由力行社等機構發展特務網絡。

梅樂斯來華前受到駐華大使館的影響,誤認為軍統之性質像德國之「褐衫黨」,亦同於蘇俄之「格別烏」,但是梅樂斯觀察了一段時期,覺得並不是洋人或日人所形容之「藍衣社」,而是以行仁為職之革命團體,在淪陷區誅倭鋤奸,在大後方除暴安良。

戴笠在戰地整肅漢奸、重振綱紀乃國家之大事,亦由他獨任之。且不負所期,梅樂斯在日記上讚戴笠:「他能善用其才智,深謀明斷,達成此一重任,所捕元惡大憝以千計,而民無驚擾,事無株蔓,一切皆以溫和手段行之,公私皎然,中外罕見。」

耳目

從梅樂斯在華盛頓讀到的那些情報報告來看,美國一般觀察人員對於戴笠的特務人員,都所知不多。但在這時,他的工作人員每天來到了,又悄悄地溜走,他卻沒有一點要隱藏的意思。在他們提

出報告的時候，他甚至還請梅樂斯坐在一起。舉幾個例子來說，有兩個從上海來的警察，他們都是在日本人那邊任職的；可是現在卻在這個離開上海三百里，四周都是游擊隊的中國城市中，向中國的特務頭子提出報告。更驚人的是，有一個人是從日本來的，從他所講判斷，他顯然還跟──或者是曾經跟──日本皇宮裡面的人有著聯絡！

在幾個月前已經淪陷的香港，雖然在沿海南方幾乎有六百里光景，但有兩個「截聽無線電的人」，在日軍進入的時候，步行逃了出來。這時他們徒步到了閩北，正在向戴笠提出報告呢。

另外一些人有的是從福州來的，有的是從廈門來的，有的是從南京來的，有的是從其他地方來的。梅樂斯說：「我雖沒法全部聽懂這些報告，但戴將軍把他們所講的事都『填進』了我的腦中。」因此「我有什麼問題提出，他也絕不猶豫地給我回答」。

這些人所提出的報告，顯然都是他們直接得來的消息，梅樂斯一邊聽著，一邊對戴笠的組織以及他的個人能力增添了敬佩。

他總結觀察心得：「事實上，在我們開始著手推進我們的計劃時，我對戴笠，以及他的特務機構和游擊隊的信心，極大地增強了，我對我所希望能建立起來的組織的信念，使我開始想一些在我以前所從未想到的更大的計劃。」

第八章 血的考驗

「我們到達後的第三天晚上，我已比過去更有決心來推進這個工作。」這是梅樂斯在日記上寫下到達最前線的第一印象。

在那幾天裡，他們的活動並不僅是聽聽一連串的報告而已。日本飛機接二連三的轟炸，對他們所在地區造成較大的損害。他們不明白浦城何以會突然成了一個目標，但戴笠是一個很瞭解現實的人，他知道：「如果他有辦法把情報帶進來，日本人也很可能會有方法把它帶出去。」就連梅樂斯也得承認，關於一批顯然重要的人來到浦城的消息，可能已由他們所買通，或是安置在這城裡的什麼人，傳給了附近的日本人。他們當然不能確信，但這是可能的事。想到這，梅樂斯一行決定聽戴笠的：「我們儘早易地為良。」

警報

7月8日晚上，梅樂斯猜想其餘的人也正像他一樣，心裡懷著這個念頭睡上床去，他也確實相信，就因為這個緣故使得他第二天很早就醒來了。

當梅樂斯張開雙眼，天色還是一片漆黑。他還想再接著睡，可是看看他的腕錶，這時差不多已快四點，他也已經睡醒，於是便也快快地爬起床來，他在床沿坐了一會兒，穿上短褲鞋襪，點上一支蠟燭，取出了他的修臉包。

他一邊修臉，一邊想著這天的日期：「我想了很久，在我憑著微弱的燭光，剃淨了最後一點鬍鬚時，我終於算了出來。我們是在十五天前──五月二十六日──離開重慶的，因此今天就是六月九日。」一晃已在前線十幾天了。

他一面洗淨剃刀，一面又望了一下他的表，這時是四點一刻，從一扇窗子看外面，他依稀看到，東方的天空正在開始露出一點破曉的曙光。

此時他聽到外面傳來匆匆的腳步聲，是一種軟跟皮鞋踩在石子路上的聲音，他正在想：「這麼早，通常不會有那麼多的腳步聲。」就在這個時候，他聽到一個聲音———「警報！」聲音並不很高，但很急迫。另一個聲音又重複了一遍———「警報！」接著梅樂斯又聽到這個警告———「警報！」———但還是抑制著聲音，像避免讓飛來的日本人聽到，他聚精會神地望向窗外，街頭很黑，但他看到了一個匆匆走過去的行人，在緩緩來臨的曙光中，梅樂斯又看到兩個白色燈光，正在漸漸地升起。

梅樂斯知道，這兩個燈便是代表「緊急警報」，雖然在這信號尚未發出之前，他先聽到，對這種反常現象，梅樂斯大惑不解，想了許久：「我簡直猜不出。」

梅樂斯完全下意識地匆匆做了一些餘下的準備，當他用毛巾擦了把臉，穿上一件襯衫時，戴笠已走了過來。他渾身穿得整整齊齊，自己拿著一只裝著一些必需品的小行軍袋。

「快隨我來！」戴笠朝梅樂斯揮手，梅樂斯急忙拿起他的羊毛衣，撿起他的攝影機，匆匆跟戴笠一同走了出去。

黎明來得很慢，但整個城這時似乎都已醒來。母親們背上背著嬰兒，後面跟著一些孩子，孩子們背上又背著一些嬰兒。祖母們———他們臉上的皺紋所顯示———也跟著一同急忙地走去。偶爾有一些很老的婆婆，一雙裹緊的小腳，搖搖晃晃地走在石子路上。

兩三輛軍用卡車一路呼嘯而去。幾個兵士衣履不整地匆匆走過，背上和帽子都用一些連著葉子的樹枝偽裝著。到處都是急促走著的人———男的女的和小孩。他們雖然行動急促，但都不驚慌。

浦城除了一堆毫無用處的城牆外，毫無防禦工事，這樣的攻擊，也絕非那些只有手持槍支的兵士和游擊隊所能保衛。而且，附近的游擊隊數量有限，顯然日軍打算在幾天之內，加以攻占。

鑒於這一情形，他們的飛機又為什麼要花費那麼多昂貴的炸彈攻擊這個地方呢？

這時他們已到城外——他們一起十幾個人，包括戴笠、艾迪·劉、魯賽，以及一些他不認識的人。他們走不多久，便到了一片稻田，幸好在這個季節，田中乾涸。他們還在田埂上的樹枝下面，找到了一些掩身之處。

「我們毫無應對之策，沒有有效的武器可以射擊。於是只有枯坐在那兒，望著天空的飛機。」梅樂斯現在體會到無力還擊的無奈了。

總共是十一架雙引擎轟炸機，照我猜想，它們飛在約有兩千尺的高空。前面的六架，打開了炸彈艙，一個個炸彈頭落在浦城，其餘幾架飛機使用機槍向街頭掃射。接著，它們繞著圈子，重又投彈，而由最前的五架實施掃射。

「他們知道你們在這，」艾迪·劉很認真地說：「你和戴將軍。」沒有一個人發言，我猜想，我們不發一言，便是表示同意這個意思。

「哦，」我回答說：「如果我在他們的名單上，他們要找我，真會找得夠苦呢。」

其實，日本特務早已滲透到整個中國大地，從上到下從裡到外，幾乎沒有一個單位不滲透進來。連戴笠的總部也不例外。

抗戰初期，國民黨南京政府高層也屢現怪事。先是蔣介石在最高國防會議部署的對日作戰策略被洩露，導致日本軍艦逃脫；接著，力主抗戰的馮玉祥和張治中受到敵機轟炸，險遭不測；再接

著，白崇禧、宋美齡，甚至蔣介石本人的行蹤都被日本人獲悉，接連遭到轟炸。僥倖得脫後，蔣介石感覺到，一定有漢奸隱藏在南京政府內部，他命令「中統」、「軍統」及在南京的所有特工部門一定破案。

梅樂斯不理解中日兩國間諜戰的慘烈與重要性，他想：「我認為他們決不值得花費那麼大的勁。」使他遠為煩惱的是，他沒有一件東西可以實施任何有效的行動。甚至連他的電影攝影機，在他將快門對準打開的炸彈艙門時，快門也給縶住了。

梅樂斯氣憤地摸著他的唯一武器，不過他並沒有把它抽出來。那只是一支點三八獅子鼻的手槍，和他送給戴笠的一支完全一個樣。

而且他也沒有多少子彈，沒法隨便浪費。

報仇

被漢奸出賣行蹤的戴笠，正飽受著日機的狂轟濫炸。但戴笠並未顯出務自苦惱的憤怒，他也在望著天空盤旋的轟炸機，不過心中卻在轉著另外一些念頭。他回過頭去，用中國話向艾迪·劉講了一句。

「告訴梅盛冬，」他提到梅樂斯，用梅樂斯新的中國別號，照英文說是，「Winter Plum Blossom Mister」，他說，「我希望他給我武裝五萬游擊隊，訓練他們去打日本人。他能做到嗎？」這件事前章已經提過，但梅樂斯遇見每個人，不論老友還是新交，他都以此形容戴笠的奇特之處。

梅樂斯說：「我想我已聽懂這個意思。」不過他還是仔細地聽著艾迪·劉翻譯，這種用兩種語言交談的方法，可以有思考的時

間。

「美國希望中國做許多事，」他接著說：「來自北方和西方的氣象報告，來指示你們在海上的飛機和軍艦，關於日軍的意圖和作戰活動的情報，在我們海峽和海港中的水雷，在我們沿海監視艦隻行動的人，還有發出這種情報的無線電臺。」

他停了一下，讓艾迪·劉翻譯出來。

「我有五萬非常可靠的人，」戴笠仍用中國話繼續說：「他們都是從最痛恨日本人的中國人中間挑出來的，可是他們的武裝，只是一些從敵人方面奪來的東西，其中一大半人都是沒有經過訓練的。」

不過，戴笠嚴肅的口氣朝著梅樂斯一字一句地強調：「如果希望我們答應你們所提出的全部要求，你們的作業需要保護，那你們就不能派太多的人來做這個工作。」他說：「如果我的那些人能武裝起來，加以訓練，他們就不僅能保障你們的作業，而且同時也能為中國工作。」

在艾迪·劉細心地翻譯時，梅樂斯的心情百感交集。他已相當清楚地聽懂了戴笠的意思。梅樂斯心裡七上八下不知如何是好，這是他首次「裁決」中美外交大事，一開始就碰上戴笠提出的大難題。梅樂斯心裡沒有個底，如今又被困在中國的鄉下，他自嘲：「對於一個四周都被陸地封鎖的海軍軍官，這是一個多麼困難的處境。」他畢竟還只是剛剛到達中國的孤單一個人。

然而就在此時此地，他正和這個國家這位最不容易見到的將軍，一位很少答應跟外國人會面的將軍，一同坐在稻田裡躲警報，而且，更為非同小可的是，「他實際上建議我在一支五萬之眾的軍隊裡，從事一種最意想不到的合夥關係！」梅樂斯驚覺到。

「我自然覺得奇怪，不知道他對我在訓練這樣一種部隊的能

力，究竟是做何看法的。」不過梅樂斯還沒有開始答話，他又投出了一個意外驚人的意見。

「你們國家能準你接受在中國陸軍中當將軍的任命嗎？」他問，「那樣我們就可以一同來運用這批人了？」梅樂斯回憶：「我又等著艾迪‧劉把這話翻譯出來，不過我的心裡正在忙著思索。關於最後一個問題，我想這個答覆該是一個『否』字。」

不過美國的海軍中校，聽起來也蠻有地位的，但游擊隊是另一回事兒，當日本飛機又轉回頭來橫過浦城時，梅樂斯極力思索著這個問題。他自認是一個訓練有素的海軍軍官。得意地審視成就：「我的一些上司確實派我當過一艘驅逐艦的艦長，甚至還挑選我從事這個多少有些異乎尋常的任務。」

美國海軍在這五萬游擊隊裡，是否能利用部分的權益呢？照戴笠提出這個觀念所用的措辭，很明顯地他將給梅樂斯某種在他們控制中的內部路線。

直到此時，戴笠的確已實現了他所做的一切諾言，甚至還冒著生命危險帶他到前線。當梅樂斯回想在重慶神仙洞的事，甚至還超過了那些諾言。

「我當然絕未看到有何情形，足以證實我在華盛頓時所見到的任何直接情報報告，沒有任何跡象表明有暗殺或是中國克格勃，也就是蘇俄秘密警察頭子的事。」梅樂斯肯定自己的判斷。

事實上，經過長期的患難與共，他不僅喜歡戴笠本人，而且在他遇到那些在他下面工作的人後，他也很喜歡他們，他堅信：「戴將軍確實是一位極有才幹的軍官。一條整飭的船艦，我是一望就知的。」

「OK！」梅樂斯回答說。

這兩個字在中國和美國，都表示同樣的意義，不必再用翻譯。

將軍伸出一隻手，梅樂斯接了下來。他知道，這在他是一個很少有的洋派作風。他的手出奇地纖長柔軟，梅樂斯感覺：「一個有著那種使人不寒而慄聲名耍槍桿的人，簡直是完全意想不到的。」

他們兩人談論了一些細節。梅樂斯提議也許在臺灣策動一次小規模的革命，是否值得去做？「如果在臺灣發動一次抗日革命是切實有效的話，」梅樂斯在華盛頓李將軍提出的一個報告中說，「我想我能每一星期派遣三條帆船，用不透水的箱子，裝上武器，縛在船身外面，渡過海峽」。

這樣一種革命，結果沒有來得及實現；但如果真的實現，梅樂斯確實相信沿海海盜，是很可用於幫助這個革命貫徹到底的。

什麼做破壞的目標？對軍艦、航運、鐵路、礦場、機場怎麼處理？怎樣訓練破壞的工作？破壞用的材料是否能夠製造？

梅樂斯所想到的特別是在沿海地方，當時美軍採取跳島戰術，構想源於美國海軍上將威廉·海爾賽及其參謀長布朗寧，而在陸軍五星上將麥克阿瑟的支持下獲得採納。

海軍方面主張以臺灣作為威脅日本本土的跳板，代表人物就是梅樂斯，戴笠則不置可否，但私下似乎較為傾向先收復中國東南沿海的城市，如上海、杭州、福州或廣州。

他概略地提出了一些關於中國海軍可能派遣的用途。戴笠表示了同意，不過梅樂斯覺察到他在這一方面，並不那麼熱情。「畢竟臺灣太遠。」梅樂斯猜測，臺灣還不在他的視野範圍。他要的就在附近，最好在當下搞個暴動，弄死一批日本人！

然而在麥克阿瑟的堅持下，盟軍最終採取了攻占菲律賓群島和沖繩島、跳過臺灣的方案，連帶的東南沿海登陸也成過去。

1943年以後，盟軍在太平洋戰場上已擁有海空支配權，可以自由選擇就戰爭全局而言具有較大戰略價值的島嶼加以奪取，同時

繞過戰略價值較低或日軍防守較為堅固的島嶼，僅以海空封鎖使其作戰能力癱瘓。

此戰法節省作戰所需的資源，並提升收復的進度與成效，深得《孫子兵法》中的「不戰而屈人之兵」的要點。

受傷

魯賽雖然因為壞了一條腿，逃警報時沒法走快，這時也正跟梅樂斯他們在一起，他對梅樂斯接受戴笠的建議很不安，他認為梅樂斯應請示一下華盛頓。不過，在梅樂斯認為，他所奉的命令，包括從事任何足以「騷擾敵人」的事。海軍軍官需要自己做決定是意想中的事。遇到風浪時他們是絕不能請示華盛頓應該怎麼辦的。一次機會錯過，往往是不會再有第二次。

梅樂斯認為目前這個情形中，如果他不是最適合這個工作的人，至少他是適逢其會，正在這兒。梅樂斯十分清楚：「戴將軍過去從未提出過如此建議。他可能也不會再第二次提出這個建議。」

這時空襲顯然已過去，飛機消失，他們一行便急急趕進城去，大片的煙朵，把他們帶到了五處正在熾烈燃燒的大火中。

這時大火已經失去控制。大風颳著，火焰從一棟屋子跳到另一棟屋子，燒上大門上的雕花廊簷，再從廊簷燒到屋子裡面的小梁。小梁燒得失去了支持的力量，沉重的屋瓦在一朵朵火舌中壓落下來。

戴笠沒法看著大家袖手旁觀，他立即把旁觀的人組織起來，由他的那些衛隊執行指揮，他督促他們找來些裝水的桶子盆子。結果這種盛水的傢伙太少，不夠用，他又命令大家再去搬來些罐子鉢子，以及其他各種陶器容器，從城內所有的抽水機和水池裡搬水

來。

正在大家忙著救火，幾架日本飛機又回來轟炸了，不過他們繞過了火燒的地區，也許認為在這些地區再多投炸彈也只是浪費了。

在重慶加入我們一行的中國海軍曾上校，看到在瓦片下面的柱子正在引起最大的毀壞，於是也組織了擔水隊。

他身子肥胖，為人樂觀，平日沉靜少動，這時卻完全變了樣子，就像是一個緘默的菩薩，忽然活了。

梅樂斯的廚師劉錫潛，也比平日活躍。他日復一日地為他們煮飯，洗滌碗碟，收拾起他的設備供應，在他們動身啟程時趕來，有時趕在他們前面先行一步，上市去採辦一點東西。

梅樂斯說：「不論我們到哪裡，他總為我們在短時間做好一餐味美可口的餐食。」這時他比過去更加起勁地東奔西趕，爬登扶梯，傳遞水桶，催促別人特別加緊努力。

這時，出現了一批大學生，也熱情地加入進來，邊忙邊談，毫無顧忌。但其中有人悄悄地說了一聲「戴笠」，大家便突然閉緊了嘴，顯得很驚懼的樣子。

梅樂斯看到這種情況，不禁回想起來華前的往事，他記得：「我對我在華盛頓所讀到關於將軍的情報，仍然很少成見，不過我曾聽說，戴將軍的名字，是在孩子不乖時用來嚇唬他們不要吵鬧的。」

當大火正在他們周圍焚燒時，梅樂斯問戴笠究竟有沒有這樣的事。他承認這正是他所希望的。他告訴梅樂斯說：「他並不希望嚇唬那些孩子，不過他的名字有時卻能制止一般奸商、走私者和漢奸之類的胡作妄為者。」梅樂斯感到「一種正直的威嚴」。他對梅樂斯說：「他的目的是要比槍支具有更大的作用。」

其實戴笠早就知道梅樂斯對自己的好奇與畏懼。他特別以開玩笑的口吻跟梅樂斯說起特務，他說：「人們第一印象總認為絕不是什麼好東西，舉凡監視、調查、暗殺，一定有他們的份。」但是他提醒梅樂斯，在北伐、抗戰那個動盪的大時代，特務更令人側目、猜疑與誤解。

梅樂斯一眼看到艾迪·劉在一所屋子裡，火焰正在屋頂下熊熊燃燒。就像其他許多屋子一樣，這所屋子也是從屋頂上燒到下面來的。艾迪·劉是沒法看到那些火焰的，梅樂斯急忙衝進去警告他，但在他進入屋內時，他已從另一扇門走了出去，梅樂斯急急在後面追，屋頂突然塌下，炙熱的瓦片，連同還在燃燒的木料，把他打倒在地，一部分落在他的兩條腿上。

梅樂斯勉強站立起來，但走不了很遠，他的腿已受傷，昏了過去。其餘的人都在戴笠的指揮之下，忙著救火，梅樂斯的廚師劉潛錫發現了他，他照顧著梅樂斯。

梅樂斯事後回憶：「我只知道他來了又去，去了又來，在我身上這樣那樣地忙亂一陣。他甚至還給我找來了一只很舒服的帆布床。最後在我真正開始注意看時，他已用從稻田裡取來的濕泥，把我兩條灼傷的腿裹了起來。」

第九章 鋤奸

在中國多年的經驗，使梅樂斯對這個古老國家無數細菌，已經有了一點知識，也早已有人警告他，淡水中的螺絲是有血吸蟲的。

因此，當梅樂斯最初感受到在他傷腿上包裹著的一層沉重的稻田濕泥時，老劉告訴他這是中國治灼傷的偏方，但梅樂斯抱怨：「我對這位熱心的廚師給我的幫助，實在沒法由衷感激。」

但是，最後細菌結果並未找他麻煩。那種濕泥對他的灼傷，「結果證明極為有效」。主要的困難是：「我沒法老是讓它裹在腿上。」這一天又來了三次空襲，他頻頻地奔跑。

其中一次炸掉了梅樂斯許多東西，他的藥品全部被毀。小心包好的藥瓶，都炸得稀爛，不是直接命中，只是給爆炸的彈片炸毀。梅樂斯的部分衣服也被燒破。隨身帶來的幾套軍服，雖然上身都還完好，但所有的褲子都被毀掉。結果，他們給了他一套中國紳士穿的淺灰色短衫褲。

誰是內奸？

就連那些飽受轟炸的浦城老百姓也認定，當地準是有人把戴笠到達的消息通風報信，傳給了日本人。甚至可能還加了一句說：「他正在跟一些『重要的外國人』舉行會議。」

中方特工展開調查，他們在人們跟前，只把我介紹稱作中國財經問題的顧問梅深冬先生。他們為什麼單挑了個財經問題，梅樂斯並不知道，但也許因為大家都知道，「美國人都是很有錢的！」

這時，特工們查出了在當地一所醫院當院長的醫生，就是那個

通風報信的密報人。據艾迪·劉告訴梅樂斯，他給查到有一座非法的小型無線電發報機，已經立即命令加以提審。

日機不斷地轟炸，梅樂斯一行一致認為，這是應該趕快離開的時候了。魯賽一條壞腿，由於走路太多，使他變得愈加痛苦難行，預定不久即將動身回到美國去了。

他所供職的情報協調處，這時已分為兩個部分──軍事情報處和戰略處──他必須回國去看看究竟適合於哪一方面。因此，梅樂斯就可以乘此機會，提出一個報告，讓金上將和李少將都知道，最近他已做了一些什麼事情。在報告中，他甚至說明如果他們能對戴笠組織的作業方法和觀念小心謹慎加以注意，「我們是能與此人有效合作的」。

最後，在提到梅樂斯所答應，負責加以訓練的五萬游擊隊時，他附帶把他所必需的東西，開出了一份長長的清單。

在魯賽啟程回重慶去時，梅樂斯和戴笠、艾迪·劉、曾上校便準備朝相反的方向去。他們四人分坐在曾經把他從重慶一路送來的那輛卡車上，依舊縛在原來地位的四只籐椅上，其餘的人便都分散坐在那些汽油桶和其他供應品的中間。

他們一路開出城去，經過當地駐軍指揮所，有一個人手中拿著一份電報奔了出來。也就在這一刻，又是一個警報使他們把車匆匆往前開去，沒有時間再把這個密碼電報翻譯出來。

因為不到幾分鐘，三架飛機已咆哮飛過頭頂，一顆炸彈正對準他們投下，落在路上爆炸了。他們的車再向前開過一些，停在一條極不引人注目的小溝旁邊，一棵枝葉茂密的樹下。戴笠的一個衛士跳下車去，在泥中隱藏處取出了一本密碼本。

在這次長途旅行中，梅樂斯曾見到過許多這一類的事，但沒有一次不是使他大為意外的東西藏在土溝裡，藏在稻田裡，舉例說，

「把一些汽油空筒藏在糞堆裡，在另一處，在泥土中挖出了一支可以一直透過日軍防線的電話機」。

梅樂斯特別高興的是，他們告訴梅樂斯，戴笠和那些跟他接近的人，通常用的密碼，不過是他家鄉保安人的一種特殊的方言，在中國其他地方，是很少有人懂得這種方言的，更不用說是日本人了。

他的老家江山縣為何出那麼多軍統特工？有人說是當年抗日熱情高，有人說江山人太窮，出外創業要互相扶持。還有個有趣的原因，就是江山話太難懂，江山人只信江山人，這正是特務先天的優勢。

有個說法直到今天無法佐證，在江山的飯桌上，戴笠與鄰座言笑甚歡，一回頭，對副官用江山話說：「明天早上悄悄把他殺掉！」第二天天剛亮，與戴笠言笑甚歡的那個人已「不見了」。這句江山話，極難模仿，但江山人都會講。

另外也有人繪聲繪色地傳說許多江山籍特務的事，雖然文化程度不高，但也深得戴笠的信任。戴笠常利用他們監視其他非江山籍的特務。這些江山籍特務，被稱為「特務中的特務」。據說在軍統局裡，江山籍特務相互交談時，常有意說江山話，不讓別人聽懂，明顯地自成一個派系。

這些傳說不免誇大與扭曲，戴笠對此只有苦笑，他告訴梅樂斯：「實在沒這個閒工夫管這事，還是完成任務比較重要。」

這時重慶來的電報已經譯出。這份電報，改變了他們的計劃。戴笠奉委員長之召，即刻返回重慶，在他們沿海之行的最初一程，將由趙世丹將軍接替他的位置。

在一陣亂糟糟中，他們把各種不同的行李分開，他們的卡車和另外開來的一輛，準備分道揚鑣，走向不同的路。

那個廚子拿出一支熱水瓶，給他們每人喝一杯話別茶。但結果發現，戴笠所備的茶葉，已經所餘無多。這時大家才知道，原來在他的家鄉，本來是出產一種中國最上品的茶葉的，這次他在家鄉幾天，曾經決定帶上可以供他自己一年用的茶葉。在他一路來到浦城，得知遭到轟炸時，他更加確信漢奸已到不能不處理的嚴重地步了。

偽軍同志

抗戰以來，中國農村進程曲折遲滯，農村地區土地問題長期得不到解決。在城市，內外交困之下工商業發展凋敝，就業機會太少，人口就業壓力大。很多下層漢奸迫於生計，不得不為日軍服務。

如淞滬戰場，戴笠親口告訴梅樂斯一個令人痛心的故事：一個十七歲的漢奸交代了他所知道的漢奸組織。他說：「敵人總是用大漢奸收買小漢奸，有的可得一百塊、二百塊，好像包工式的，然後由他們分錢給小漢奸。」他是為了三塊錢去做漢奸的，也有十二、十三歲做漢奸的女孩子，哪怕「能得到五角或一塊」。梅樂斯聽了連連嘆息，心情十分沉重。

梅樂斯到過中國一段時間，曾經深入內地落後地區，知道中國的老百姓窮困到令人咋舌的地步，以至不得不去做漢奸來維持生計，痛恨之餘，更讓人感到痛心，對中國人的抗日也多一分的同情。

他原先不瞭解，由於舊中國老百姓生活極端貧困，很多人不得不靠做漢奸或偽軍來謀生，後來瞭解了原因也覺得問題不單純，不可是非不分。

戴笠也經常告訴他的國際友人，幫汪偽政權打工的大小漢奸不能一概而論，戴笠表情嚴肅地告訴梅樂斯：「不能一律制裁，是非還是要講的！」

汪偽政府的日籍顧問影佐禎昭，為籠絡偽軍的意見書上記載：「一、綏靖部隊並警察駐屯於都邑者，希望其給養能每人每月二十五元，陰曆正月，請（汪）主席平均賞給每人五元，於人心收攬上可生甚多之效果。」

這些薪金在當時足以讓偽軍士兵養家餬口，吸引了大量的下層民眾去做偽軍謀生。

大漢奸陳公博在自白書中，對教育所持的某些看法，也可以從側面印證當年教育存在的嚴重弊端。他認為：「教育重要是老生常談，我最近十餘年來是承認教育失敗的，在政府不易得一個奉公守己的公務員，在軍隊不易得一個潔身自愛的軍人，在社會不易得一個盡責守己的國民。」

「最後一個嚴重的問題，卻是民眾道德的墮落。」他說。

此次中日戰爭，不單物資打完了，道德也打完了。在淪陷區中，他覺得大眾如趨狂瀾如飲狂藥，一切道德都淪喪盡了。「大家不知道有國家，有社會，有朋友，只知道自己；不知道有明日，只知道有今天；不知道有理想，只知道有享樂。」

1938年，日本和汪派人物梅思平、高宗武在上海重光堂簽訂《日華協議記錄》，虛偽地宣稱「尊重中國領土主權」，「兩年內從中國撤兵」。接著，日本內閣對華提出「近衛三原則」，進行欺騙誘降，最終促使抗日營壘中的汪精衛派分化出來，並成立汪偽傀儡政權。

日本在華的四大特務機關也不擇手段地從事間諜活動，其具體任務之一就是製造漢奸。他們或金錢勾引，或私利相誘，或武力威

逼，投入大量人力、物力，拉攏腐蝕部分國人。加之國民黨軍在戰場失利，若干施政不得人心，部分民眾為了私利而忘記了國家和民族的利益，賣身投敵。

「通款敵國，謀叛本國，為侵略自己祖國的敵人服務，並謀取一己的私利，這樣的人物在世界各國的對外戰爭中均為常見，中國亦不例外，漢奸就是國人對他們的鄙稱。」抗日戰場上，為日寇作戰的偽軍超過百萬之眾，人數之多，猶如過江之鯽。

投偽軍官中，因個人野心，賣國求榮的，「漢奸」的名聲自然不冤；有些固然是受到多方逼迫後委身於偽政權的，但又何嘗不是出於自存自保的私心呢？他們清楚唯有軍隊才是自己的身家，一旦在抗戰中拼完，自己也就一文不名。

但也有良心未泯的軍人投到敵偽後，隨時趁機反正，偽軍孫良誠的幕僚王清瀚就曾私下表示：「當漢奸是為了擴充實力，積累政治資本，只要目的達到，即趁機反正。」

同時，投靠後不僅可以保住隊伍，還可以從日本得到精良的武器裝備，豐厚的糧餉，反倒充實了自己的力量。除中央軍投敵之外，地方武裝力量也是偽軍的重要來源。

淪陷區內，基層鄉保長武力經常是連名稱都未更改，便和平地轉變到偽政權屬下。日軍為了便於統治，常利用中國既有的地方勢力，對保長、甲長採取懷柔與強硬控制並行的政策。

鄉保長降日的原因除了個人利益外，也很難排除保衛家園的苦衷，「許多保甲長幻想保全地方，不受糜爛，是會向敵人敷衍的」。在那個混亂的年月裡，這些基層的武裝頭目往往有著極為複雜的心態。保甲長即使背負著漢奸的恥辱，也有對日軍逆來順受的順民思想，也由於他們害怕國軍不能容納，又怕抗戰會失敗，始終存在著觀望的心理。

戴笠於是利用這個心態，若要國軍容忍，就要配合敵後游擊隊。另外，一些民間武力及幫會、秘密宗教武力等領導人，通常是當地有聲望的士紳，他們為了維持地方秩序，建立偽政權和偽武裝。「為使鄉親免遭更大的禍害，出任偽職」。這也是戴笠利用的對象。

1940年汪偽政權建立後，偽軍人數也從1938年的7.8萬人急劇上升到了14.5萬人，而日本投降時，這一數字甚至達到了200餘萬，遠遠超過了在華日軍的人數。他們有為生計所迫投敵的，有為了保全身家性命不得不降日的，也有部分流氓或土匪頭子，為了升官發財而投偽的。

1941年，豫皖蘇邊區有超過二萬人的偽軍，領導者有地方豪紳、退伍軍人，甚至部分土匪、流氓、地痞。其內部成員及裝備都不一致，各有系統。有單純為自存自保的，多數人則各懷鬼胎，有利害衝突時，彼此矛盾也十分尖銳。

偽軍數量驚人，比日軍多出一倍以上，這個問題值得深入研究。

偽軍的大量存在對全民族的團結抗戰造成了嚴重的危害，戴笠非常重視這個問題，苦思解決之道。

牆頭草

1942年，孫良誠投偽之時，曾以三件事要求日方允諾，即「不打重慶隊伍」、「不要日籍顧問」、「不直接受命於日軍」。孫良誠在投偽之後，也依然與國民黨政府保持著密切的聯繫。1943年5月，孫良誠透過張雪山向蔣介石轉告，自己在南京參加軍事會議時，將繼續與吳化文、張嵐峰「團結一致，以待時機」。

策反能不戰而屈人之兵，乃《孫子兵法》最成功戰略，然而亦不易運用得當，戴笠所進行之策反工作，均能獲致很大功效。

像孫良誠一樣，多數偽軍都與國民黨保持著密切的關係。國民黨為發展淪陷區勢力，也常暗中收編偽軍。戴笠就肩負著這個重大的使命。在策反汪偽將領方面，二人也有合作，如先後收買過汪偽軍政部長鮑文樾（yuè）、綏靖公署主任龐炳勛、偽新五軍軍長孫殿英等。

1934年日本軍閥侵占熱河，先製造「察東特別區」，進而組織「內蒙自治政府」，企圖擴大蒙古軍政府成為第二滿洲國。戴笠遂利用其策反成效，配合國軍戰力，一舉收復塞北重鎮百靈廟，粉碎敵人陰謀；1938年8月，李逆福偕同敵軍軍官十餘人，由北平赴彰德偽軍軍部檢閱所謂「皇協軍」，即偽第一軍李福和部，抵達校場時，即已被策反之受檢部隊當場擊斃。

此役對敵人心理威脅極大，敵人察覺中國人之民族性不可侮，此後雖仍卵翼偽軍，但甚少重用，只利用其警備、守護道路橋樑而已。

戴笠的不為人知的秘密就是成功地策反了許多偽軍，戴死後許多事梅樂斯都不知道，直到梅樂斯快死了，他才從國民黨最高層獲得消息，並將其大白於天下。

其中汪偽政府行政院長周佛海早在1943年就已加入軍統為國民黨政府服務，社會及財政部長丁默邨在抗戰後期被國民黨政府吸收，幫助接收日占區浙江。

之前，被蓋棺定論的漢奸周佛海早在1943年就已被戴笠吸收進入軍統，成為國民黨政府在汪偽政權中重要臥底。周佛海於1938年9月與汪精衛投靠日本。

周佛海經軍統敵後組織策動其反正，以偽職掩護敵後工作，軍

統局地下電臺曾架設在周本人和其妻弟楊惺華的私宅，照常工作。周佛海提供有關汪偽政權的軍事、經濟以及日本與東北的政治情報。

此外，軍統局特選派熟悉軍事參謀業務的諜報人員，經周佛海推薦擔任汪偽政權軍委會作戰科長，聯絡控制已接受策反的偽軍部隊。

汪偽政權特務頭子丁默邨，戴笠也要求他負責維持浙江省治安，以待國府順利接收。

丁默邨的結局沒有周佛海那樣幸運。抗戰勝利後，丁默邨以漢奸罪被判死刑。這一結局可能與戴笠過早去世有關，因為很多策反人士只與戴笠單線聯繫。所以在戴笠飛機失事後，包括丁默邨在內的許多被軍統吸收的漢奸最後均被槍斃。

抗戰勝利後，周佛海因漢奸罪被判死刑，後特赦為無期徒刑，1948年死於獄中。

第十章 鬥智

抗戰後期，戴笠知道日本將宣布投降，急令中美前進指揮所和各個直屬支隊，就近轉飭軍統局在各地的負責同志，迅即責成已秘密投效的偽軍，負責維持各個城市的治安，確保接收的順利進行。

以敵養偽

1940年之前，國民黨直接策劃偽軍反正是其主要目標。但此做法容易引起日軍攻擊，被反正的偽軍有覆滅之虞，這樣，國民黨不僅難以在淪陷區發展實力，還要負擔大量反正偽軍的經費開銷，風險負擔都很大。

後來戴笠將政策調整為「以敵養偽，以為我用」，即策動偽軍長期埋伏，不急於反正，並利用日偽資源供養他們。1942年，蔣介石在給安徽李仙洲部的密令中，認為處理偽軍有上下兩策，上策是和偽軍保持密切聯繫，運用偽軍配合反日；下策是策劃偽軍反正，增加軍費開支。

由於意識形態上的差異，國軍在和平收編偽軍上困難重重，為了迫使實力較弱的偽軍屈服，國軍在抗戰早期往往採用直接攻打或威嚇的方式，結果並不理想。中原蘇魯豫大戰後，日軍與偽軍合作，加強掃蕩，使國共軍隊的發展遇到嚴重挫折。

這時，國共汲取之前僵化政策的教訓，開始詳細調查偽軍的家眷、身世及其興趣愛好、朋友關係等，透過其家屬、親戚、朋友，間接鼓動他們抗日，或寄送信函暗中爭取，使其就地潛伏於日軍處。

積極向偽軍內部滲透,「以敵養偽,以為我用」的策略同樣被國共兩黨所採用。利用地下組織積極吸收偽軍軍官入黨,與偽軍建立聯繫,但並不要求他們立刻反正,「爭取長期埋伏,求得將來的有利時機」。

梅樂斯聽過一個策反偽軍、利用偽軍的故事。

他們這些老外曾在辰溪參觀過軍統曾上校的水雷廠,據他們告訴梅樂斯,曾上校主持這個工廠三年時間,他們曾炸沉了八萬噸日軍的船運。大半都是航行中的小艇和其他的小船,因為上校的一些威力較大的水雷,都很笨重,運輸困難,他的最大水雷,需要二十個苦力才能搬動,因此要運過占領區,就很費事了。不過,就連如此水雷,他們有時也曾使用過。

「你們是怎樣使用的呢?」梅樂斯問。

「偽軍保護我們。」上校告訴梅樂斯說。

梅樂斯先前原已聽到過一點,關於那些為日軍做了許多工作的偽軍的事。這樣一種軍隊在占領區內非常普通,他們由他們自己的軍官帶領,有時派給工作,在日軍占領區內負責維持秩序,從事一些類似的工作。

當然,他們吃的是日本人的餉,也願意為他們做一點事。不過,「他們終究是中國人,不免總還存有效忠祖國的心。」梅樂斯問他這種偽軍是否永遠都會願意合作,因為在河中佈置水雷,不是就把它們放在那兒就算了事的。

有雨的時候和沒雨的時候,河水一漲一落,可能就會相差好多尺,每一個水雷都必須有人留在附近,隨時照料它。

「噢,是的,」曾上校回答說,「當然,他們必須小心地應付日本人。不過,在他們覺得安全的時候,他們甚至還會請我們去吃一頓飯。」日本人給他們餉,希望他們效忠。如果在他們的地方出

了什麼岔子,他們也會受到責罰。因此,曾上校說:「如果他們不依我們要求的去做,我們就會溜進去,放上幾槍,少許的幾槍,只要足夠表示爆發了一點小小的不安事件,於是日本人便會代我們去懲罰他們了。這是一個極妙的辦法!」

梅樂斯覺得,這就有點像日本人的柔道拳術,為了測驗一下偽軍的忠誠,他建議進行一次試驗。梅樂斯要求:「我們用無線電廣播,召喚附近某些偽軍單位投奔過來。」結果不到一個星期,有五十個人從他們所到達的那個狹隘地區溜了過來。

在那時候,梅樂斯他們並不需要再多的人,因為再多些人就難供養了。但這個試驗已經表現出了,許多偽軍都是「稻田士兵」,只要需要,隨時可以召喚過來。

在麗水、溫州附近的那一個星期裡,只要需要,梅樂斯明白海盜也是可以派用場的。在中國沿海一帶,一向都有海盜出沒,日軍侵犯中國,並沒有把他們趕走。他們和偽軍不同,通常都能維持著自由的行動,不過他們一般的總是設法採取一種途徑,使他們對日軍和國軍,能兩面討好,兩面都不得罪。

不過,他們仍然還是中國人,自然比較傾向於中國自己人。

偽為我用

在福建南平東峰鎮期間,戴笠和梅樂斯一同接見了海上游擊隊頭目張逸舟、張為邦的私人代表,收編和改編了原汪偽系統的「福建和平救國軍第二集團軍」。張逸舟部有4000餘人,司令部設在馬祖島;張為邦部約有2000餘人,總部設於崇明島,屬於忠義救國軍京滬區指揮部。

戴笠先後派出中美所閩北站、閩南站的「海外組織」和「南竿

塘組」進行活動,由於這些部隊原來無政治傾向,見日偽大勢已去,願意受忠義救國軍領導。張為邦後被委任忠義救國軍溫臺指揮部副總指揮,增強了忠救軍的武裝力量。

忠救軍經常配合國軍的行動,打擊敵人後勤與運輸。1944年5月,敵軍發動長衡戰役,進攻長沙;6月,駐在浙江金華一帶的十三軍,向浙贛邊境,做進攻贛南的態勢,以為呼應,26日攻陷衢州。

由於國軍的堅強抵抗和忠救軍在浙贛路上的襲擊,日軍無力再進,27日被迫退回金華。

戴笠為牽制此處敵軍,使其遭受困擾,無力再興攻勢,特下令忠救軍加強對浙贛鐵路沿線的破壞。9月,忠救軍挑選了一支三百人的突擊隊,並有美員帕金少校等十二人參加,前往破壞諸暨附近的鐵橋。在遭遇敵軍攔截後,雙方發生激戰,以致擔任破壞橋樑的一組人員,無法接近目標。

但另一組人員卻冒險滲入目標區,在鐵道上引爆十三枚炸彈,毀壞鐵軌五處,哨舍二處,忠救軍也有七人陣亡。10月,同一地區,會同美方教官薛格里斯上尉等美員五人忠救軍再次發動突擊,很成功地炸毀了二十處鐵軌和橋樑。

11月,忠救軍組成一支名為「劫煞組」的破壞隊,專破壞鐵路附近的敵軍倉庫堆棧。美員薛格里斯等五人參加。在諸暨附近縱火焚毀敵軍的堆棧,毀去約十萬加侖的汽油,還有六百箱彈藥。

當9月份第一次破壞諸暨鐵橋成績不太理想時,卻有件對此後突擊大有幫助的意外事件。一位偽軍上校軍官徐某,因為被忠救軍的火力擊傷而被俘。當他傷癒之後,決心棄暗投明,負責帶來他所指揮的五百名偽軍,投降忠救軍。

於是11月間,美方教官負責浙贛路方面考察的赫爾和忠救軍

合作，在投降的偽軍中挑出一百卅一人，分為兩批，出沒山區，到達基地一百里以外的安華村，諸暨以南六十里鐵道邊，得到當地民眾和村長的響應。

黑夜中埋下廿磅塑料炸藥，裝上了兩枚名叫「布奈爾說服者」的新型器材，順利地炸毀了車頭和後面的五節車廂，使敵軍蒙受一次意外的損失，日敵因為經常受到破壞，所以研究出一種防範的方法：在每一列火車頭前面，配上兩節空臺車，如果碰到炸藥，被炸毀的將是空臺車，而不是火車頭和整個的列車。

「布奈爾說服者」正是針對這種防範方法而設計的裝置，裡面有一種延時行動的裝置叫「顫動型的觸發器」，埋在鐵軌下面，事先可以預定震動的次數，然後才引起爆炸。

敵軍受到一連串的突擊破壞，非常焦急，於是發動了一次攜有炮火的搜索戰，想「掃蕩」這批令其寢食難安的游擊隊。可是，經過八天的濫射窮追，仍然無法如願。竟然派出一批曾受訓練的行動人員，企圖暗殺赫爾，結果三名被捕。而突擊隊於返回基地中途又在開化焚毀了五座敵軍倉庫。

當時，防守泗安、安吉一帶，為國軍二十八軍；忠救軍奉三戰區長官部令占領寧國墩、焦村、犁壁山、牛頭山、葉塢橋、瓜嶺、八掛山之線陣地，為二十八軍的左翼，協力抗拒日軍的南竄。1945年春，日敵敗象顯露，戴笠為把握戰機，配合國軍反攻，策應美軍登陸作戰，特親臨前線，就忠義救國軍和「中美合作所」新成立的教導營，重新調整部署，先後成立淞滬區、溫臺區、鄞杭區三個指揮部。

淞滬區以阮清源為指揮官，以第一縱隊的一個團為骨幹，推進淞滬地區。溫臺區設指揮部於瑞安的玉壺，以郭履洲為指揮官，統轄中美班的三個教導營，一個特務大隊，一個獨立支隊，一個水上大隊，以及忠救軍的浦東行動總隊張為邦部，沿浙東沿海向浦東、

崇明方面活動發展。鄞杭區設指揮部於浙江的桐廬，以鮑步超為指揮官，統轄第三縱隊及新一團（偽軍投誠），沿桐廬、富陽之線，向杭州活動發展。其餘一、二縱隊及各行動總隊（浦東除外）、直屬營、隊，均直屬總部，並設總指揮部前進指揮所於浙江於潛的方元鋪，總指揮馬志超坐鎮前方，指揮作戰。

如芒在背

淞滬區指揮部向敵後挺進，因天時、地利、人和等條件，地方抗日自衛團隊武力紛紛前來取得聯繫，接受指揮。當地偽軍也先後接洽投降，待命反正。由於聲勢大振，這支武裝迅速發展成為五個團和直屬四個營的兵力。

忠義救國軍是一支始終打擊日敵、愈戰愈強的勁旅。自1943年接受中美合作的訓練與裝備後，已立於不敗之地，其戰鬥的性質，也已經由原來的游擊擴展為堂堂的陣地會戰了。日敵對之，如芒刺在背，既痛恨又畏懼，必欲去之而後快。幾次調動大軍，甚至由中將級軍官指揮。甚至投降在即，還要偷襲以洩憤。此外，日敵卵翼汪逆成立偽政權，原想藉其在國民黨的地位聲望，號召淪陷區民眾，形成一股足以與重慶中央政府抗衡的力量，達到他「以華制華」的目的。

可是，由於軍統局在敵後的地下組織開展鋤奸行動，尤其是忠義救國軍始終在京滬杭地區活動號召，與地下組織相互策應，鼓舞了陷區民心士氣，對猶疑徘徊的人們形成了一種嚇阻力量。所以，汪逆偽政權，始終無法形成巨大力量，更談不上與中央分庭抗禮了。

運用偽軍戴笠花過錢，但梅樂斯誤認這是唯一的解決之道。在梅樂斯的印象裡，中國人是貪財怕死的，用錢可以解決一切事情，

梅樂斯認為在他所讀到的所有間諜故事中，凡涉及做間諜的人，「終是需要給他一點報酬的」。

因此，他曾擬好一份獎金表，打算送到華盛頓去，建議凡是完成他們所希望要做的間諜和破壞工作，一律分別給予一筆獎金，譬如說，在日軍占領的一個重要港口破壞一條大船，發給獎金中國法幣五百元，較小的成就，發給較少的獎金。

但後來他和戴笠討論到這個計劃時，「他否決了這個辦法」。「效忠是不能用金錢買到的，」他說，「如果我們開始花錢去買，日本人就會付出更多的錢。」

梅樂斯說道：「那是我從這位精明而富有經驗的間諜大師那裡學到的第一個真正切實的教訓，這也是我們以後一直遵循的一個原則。」

梅樂斯告別了戴笠，原本在計劃這次沿海之行的時候，梅樂斯曾有意從溫州一路徒步走到福州廈門去。但是這種想法太天真了，這一段路程的距離，照烏鴉飛行大約也是三百里。中國內地的公路狀況極差，需要的時間遠遠超過想像：「這不出我的意料之外，也讓我更瞭解了實際的中國。」梅樂斯不得不自認，若要成功，還有許多要學的。

梅樂斯的實際身份可能不致洩漏，但他在沿海地區出現的消息是準會傳開的。他們認為，那樣就可能惹日本人採取某種行動，妨礙到他們正進行的工作。梅樂斯事後尷尬地承認：「不聽中國人的，只會壞事！」

這個反對理由，很有道理，梅樂斯覺得他最好還是改變他的計劃。他決定先回浦城；再從浦城退回到福州沿海地區。

福州是當時尚在中國人手中的幾個重要沿海城市之一，約略位於溫州和廈門的中間。如果他們能從溫州沿著海岸直接南下，相隔

不過約一百六十里的路程。但取道浦城，差不多就得加上一倍，不過在這一路上，卻出乎他意料之外，很少遇到麻煩。

他們一離開溫州，便穿過一個全無日本人的地區。在他們沿途所經過的城鎮，焚毀炸壞的房屋告訴他們，日軍的襲擊剛剛過去。過了浦城，再走約一小時，經過一片泥濘的水田，他經歷了最不愉快的遭遇。

他們摸著黑前進，沿著一條又窄又滑的田埂走時，「我前面的轎伕曾有兩度失足滑倒，把我摔出來，跌進一半是水一半是泥的田裡面去。」他第一次跌下來的時候，還勉強忍耐著又爬上去。第二次又跌，他實在受不了，就爬上了一匹載貨的騾子，騾子上載著的東西，則搬到轎子上去讓轎伕們抬。

他們一行很快到了廈門。廈門灣內島嶼星羅棋布。海灣本身自東北至西南大約四十里，自最外面的島到海岸，相距約為一倍。廈門就是在一座島上。保護得很好的港口則是在那個島與大陸之間。

在他們到達廈門灣東北的那一個星期，他們經過了一些未經日軍占領的地區。沒過多久，他們又要穿過日占的村莊了，因此，他們這些人都必須脫下「城裡人」的服裝，化裝為鄉下農民和苦力的打扮。

第十一章 患難真情

戴笠與他在浦城分手之前，曾指教梅樂斯要化裝成一個能瞞得過人耳目的樣子是多麼簡單。最需要的便是苦力的服裝和涼鞋。

戴笠告訴梅樂斯說：「在中國要分辨外國人只要看他穿的鞋就夠了。」

但是戴笠認為梅樂斯光改穿農裝還不夠，還堅持另外增加一樣東西，那便是挑擔的扁擔。

和諧

一根扁擔兩頭挑著東西，由苦力挑著日復一日走很遠很遠的路，在中國乃是到處可見的景象。這種扁擔都是用很堅實而富韌性的木頭做成，苦力們可以在左肩或右肩上挑著，十分平穩。

一副挑擔如果兩頭裝得很平均，挑擔的人又很內行的話，看那擔子一顛一顛的，彷彿是使那死沉沉的重量，與挑擔人相和諧了。梅樂斯終於明白中國人講的和諧就是「一根扁擔」。

梅樂斯的傷口總算漸漸好了，瘧疾也完全痊癒。於是，他也就很開心地扮演了挑擔夫的新角色。梅樂斯的挑子是經過細心挑選的，兩筐豆秸挑起來並不重，下面又正好掩藏他帶著的槍支。

浦城大火中，梅樂斯的一只鞋被燒得無法修理了，在轟炸中他的另一雙鞋又丟了一只。不幸中之大幸的是，倖存下來的兩只鞋，正好是一左一右；雖非「原配」，但他還繼續穿著走路。

但走了幾天鞋就壞了，中國人建議他穿涼草鞋。起初梅樂斯還有點懷疑究竟他能不能穿涼草鞋。一旦穿上，「我馬上發現，這比

我原來的皮鞋要舒服得太多了」。

　　這時他們還常常碰到輪胎的毛病，在中國內地那些不十分完美的道路上跑得太久，這是必然的。換了兩條新輪胎竟需要三百九十元美金，而「我們所用的汽油，如用美金去買，也高達七元美金一加侖」。梅樂斯感慨：「沒有車、船、飛機的中國軍隊，怎麼跟機械化的日軍作戰？」

　　沿途都擠滿了逃難的人，看到那些老翁幼童蹣跚步行，而他自己卻坐在車上，「內心不勝愧疚」。

　　梅樂斯他們渡過了長江，那是歸程上的最後一個渡口，然後就可以進入重慶了。在他沒有回神仙洞之前，他先趕到美國大使館去取他的信件，想不到一位職員告訴他說，根本沒有他的信，「沒有信！任何人都沒有來信！」在梅樂斯離開將近兩個月裡，沒有片紙隻字給他，海軍部沒有，他家中也沒有，「這裡面一定有問題！」

　　於是，梅樂斯就去看格雷斯醫師，他是海軍醫護組的少校醫官，派在大使館服務。他望著梅樂斯的腿又檢查了他身上的纍纍傷痕，他說：「你應該一直在海上的。」

　　梅樂斯什麼話也沒說，但內心同意他的說法，因為「陸上的戰鬥經過戴將軍的保護，已經比海上安全多了」。

求援

　　梅樂斯來中國匆匆三月，承諾到重慶來的裝備，卻一點都沒有。沒有命令，連消息都沒有。看不出美國對這兒究竟有什麼派兵援助的跡象。

　　梅樂斯寫信給李將軍報告說，「我們在重慶已經集合了約一百三十名精挑細選過的爆破組領導人物，這是從六千個已經身在淪陷

區，並接受戴將軍指揮的工作人員裡面挑選出來的。我先擔任戴將軍的助手，負起訓練他們的責任。」

為了開始訓練工作，梅樂斯需要兩千挺湯姆槍和兩百萬發子彈，三千支柯爾特式零點三八口徑的手槍和兩百萬發子彈。一萬枚手榴彈，他要求李將軍「切勿延誤」。

他在信後特別註明：「此一計劃蒙史迪威將軍同意。」

史迪威曾指揮中國的三個軍在緬甸作戰，即第五、第六和第六十六等三個單位。不幸由於制空權為日軍掌握，史迪威被趕出了印度，逃往印度東面的雷多。後來，他曾一度擔任中國戰區的美軍司令官。

梅樂斯觀察，在重慶，作戰的意志似乎漸趨退化，中國人對於梅樂斯及美國究竟能否信守諾言，不免流露出不安與懷疑。

有很多外國人甚至相信中國人很可能與日本暗中妥協。日本方面急需與中國「和解」，以便抽出兵力來打美國。

6月間，梅樂斯寫了一封信給李將軍，說道，「我們應該將大量太平洋海戰的圖片，送到中國來。如果運用得宜，就可以顯示我們是有能力、負責任的盟友」。

起初梅樂斯不曉得這一芻蕘之獻會有何後果，想不到後來各種有關戰爭的照片似潮水一般湧來，可惜都不是他所要的照片。

這些照片都是美國的裝備和物資，給予英國，給予歐洲，給予蘇俄的情形！

梅樂斯氣得提出書面抗議，他說，「我們給予中國的每一樣承諾，在未運到中國之前就轉到別人的手裡，我們曾承諾以三十六架空中堡壘援華，結果只到了六架，但卻有幾百架飛機援助其他國家的照片運到此地。如果全力援英援俄確屬必要，至少不要把那些照

片送到中國來。」

本來運到印度的裝備就少得可憐，還讓史迪威去豪爽地支持英國人，發給國軍的只有一小部分，而就這一小部分竟還是大半分給遠征軍。國內的幾百萬國軍竟只分了不夠武裝1個師的美械，當年74軍興致勃勃地派人去桂林領取美械，結果就領到2把湯姆遜歹徒槍與60發子彈，美軍顧問搖著頭說：「就先拿回去當示範教材吧。」

獲得的美援陸軍武器數量裝備，除了「可憐」二字想不出其他詞形容，就這點槍炮，真要靠美援去抗戰，梅樂斯氣得破口大罵：「那還不如讓國軍重新裝備弓箭與長矛！」

就蔣介石本人而言，在尋求美援的過程中，主要在強調中方要求的「必要性」、「合理性」，強調美方的「責任性」和「義務性」，而對美方昭示的商業原則不甚理解，對美國相關決策機制和行政體制及其實際運作也瞭解不夠，因此交涉過程中難免遇到挫折。

而蔣介石和中方其他高層人士的美國觀，難免有失偏頗，對美國的對華政策可能發生誤讀而造成對戰時中美關係定義錯位，這些都是難以逾越的侷限性。

戰時的中國雖躋身「四強」之列，但國力與美、英、蘇的差距甚大，並非時時處處都能夠在戰略上、戰術上為盟國所倚重。

由於史迪威大肆使用中國的美援物資討好英國人，並為了奪取國軍的指揮權，肆意扣發國軍的美援軍火，對國軍造成了極其嚴重的傷害。

需要指出的是，武器裝備本身並不會形成戰鬥力，其只有被吸收到戰術、軍事理論及軍隊的組織體制中去才能達到殺傷敵人的效用。因為沒有足量的裝備，陸軍的編制體制與戰鬥技術在抗戰中期

均沒有得到任何提高。除了將部隊帶到裝備儲存地而武裝起來的部分國軍陸軍精銳部隊——中國駐印軍與中國遠征軍。部隊雖然在國內戰場幾經整編，但每次整編均未能按照編制配備武器，結果造成了國軍人數愈來愈多，武器裝備卻愈來愈少的奇怪局面。

沒有裝備，陸軍便無法維繫正常的軍事訓練。砲兵訓練時用的是木馬、木炮，步兵訓練時用的是木製機槍，騎兵訓練時則用的是連步兵都不用的長矛。

沒有規範的訓練，陸軍士兵的射擊技能自然是極其低劣，常常不等日軍靠近就到處放槍，結果為日軍火炮提供了良好的射擊目標。更有甚者，陸軍新兵往往沒有經過任何訓練就被投入戰場。這些新補充上來的人既不懂兵器性能，也不懂兵器的保管與維護，就連投擲手榴彈也都因扔得太早，而被日軍重新擲回了守軍陣地。國府辛辛苦苦弄到的一丁點新式兵器，也往往由於官兵使用不當，以致發揮不出任何威力。

史迪威拿著美援軍火要挾國軍，竟將總額8億美元的美援物資，在印度將絕大部分扣留，並在緬甸揮霍掉了2/3。在緬甸揮霍掉了大量的美援物資，卻沒取得任何值得一提的軍事成就，本來可以輕取的密支那也被史迪威的錯誤指揮，變成了曠日持久的絞肉機之戰，使國軍駐印軍遭到了嚴重損失。

3800多人的美軍麥利混合旅也在史迪威的錯誤指揮下，在密支那被日軍幾百人中隊級別的部隊打得落花流水。

美軍為了保命紛紛裝病或自殘逃離戰場，不到1個月時間竟減員到僅剩130人的程度！只好撤走。美軍士兵紛紛說：「只有躲進醫院裡才不會因為史迪威的高超指揮能力而送命！」

史迪威將軍終於被日軍擊敗，退出緬甸，當5月梅樂斯飛往重慶時，曾飛越他在緬甸的防區。有人對梅樂斯說，他大概正在下面

的山裡頭，坐在石頭上擦他自己的槍。據說，有人建議派飛機接他出來，可是他拒絕了，他決心要用他自己的腳，帶著殘餘的人馬撤出來。

死亡谷

史迪威到達重慶之後，就任中國戰區的美軍司令，還是戴著他在緬甸時同樣的舊戰鬥帽。梅樂斯急於與他一談，發現與他接近並不困難，而且他十分粗率憨直。所以，他心中怎麼想，對梅樂斯十分重要。

但是很不幸的是，史迪威與蔣介石不合，不喜待在重慶受氣，大都在印緬很少來重慶，梅樂斯要找他幫忙就要常去國外。

1943年12月開羅會議之後，當時美國總統羅斯福與英國首相丘吉爾對中國戰場的戰事有點不耐煩，兩人懷疑蔣介石是否有能力領導對日抗戰。羅斯福私下會晤史迪威，詢問史迪威對中國抗戰的看法。史迪威當時回答：「我認為要除掉蔣介石，抗戰才能打下去。」羅斯福就說：「我認為現在是時候了。」史迪威回到重慶之後找來部屬，研商如何除掉蔣介石。部屬建議用三種方法，包括暗殺、下毒、製造飛機失事。史迪威採納飛機失事方法，並要求失事飛機上還要有幾位美國人，免遭懷疑。

梅樂斯當時也經常需要赴印度英美軍總部洽公，當時重慶對外的海路交通已經全部被日軍封鎖，唯一的方式就是從昆明巫家壩機場，搭乘美軍運輸機飛越喜馬拉雅山，到印度北邊的汀江。

由於當年使用的C-46、C-47運輸機飛行高度有限，無法直接從山頂飛越，只能在一個接一個的山谷間繞行，故稱之為「駝峰」。

這是段非常危險的航程，由於地形的險惡，氣候的多變加上日機不時來襲，整個大戰時間在這條航線共損失了五百多架飛機，1500多名空勤人員喪生，所以這條航線有一個外號叫「矽谷」！

這個名字的源頭是因為整段航線充滿了墜機的碎鋁片，天氣晴朗時在陽光下發出陣陣亮光，飛行員甚至可以將反光當導航標誌一路飛往終點。

梅樂斯由於經常搭乘駝峰，所以與飛行此航線的美國陸軍航空隊、中國航空公司的人混得都頗熟，他們尊奉英國特工周偉龍為中國民航界的祖師爺，這可不是浪得虛名，他在1928年就創辦了「港龍」與「滬龍」航空，當時中國航空公司還沒成立呢！

梅樂斯也跟周偉龍頗熟，英國佬要殺老蔣與戴笠就是他說的。

有一次在機場等飛機起飛卻一直沒有動靜，去找飛行員，調度室說副駕駛臨時生病無法出勤，塔臺不準他單獨駕機起飛，他還說如果周願意擔任副駕駛塔臺就可放行。

梅樂斯因急著趕赴印度就要周答應了他，此後竟成了慣例，只要梅樂斯搭機，只要有周陪同，不用預先申請隨時可走，因為他們不把周偉龍當旅客而把他算成空勤人員了！

然而直到戰後戴笠飛機失事，周偉龍的嫌疑最大，梅樂斯痛念戴笠的早逝，遷怒周偉龍，也恨英國特工部門，就絕少搭乘英國飛機。

梅樂斯已記不得在駝峰飛了多少趟，有幾次更誇張，正駕駛臨時請假，副駕駛是剛報到不久的菜鳥不敢飛，最後實際是在乘客中找到一位開戰鬥機的當正駕駛，飛完全程。

梅樂斯他們經常往返駝峰的乘客，也常常遇到日本飛機的攻擊，把機身與機翼射穿了幾十個洞，他還聽說有人整個尾翼都被射斷了還能勉強飛回基地。

駝峰航線是無法有戰鬥機護航的，運輸機本身又沒有武裝，遇到敵機只能自求多福。

駝峰飛行員最害怕的一刻是：日軍戰鬥機的出現，滿載超重的運輸機完全沒有防衛與逃脫的能力。許多戰鬥機駕駛員從駕駛艙可拍到客機被擊落的一剎那，在高山上跳傘幾乎可以確定沒有生還的機會。

梅樂斯認為「駝峰」無論其重要性，任務困難度，規模與延續的時間都遠超過戰後的柏林空運，只因為它發生在遠東所以不太引起西方社會的重視，這是不公平的。

梅樂斯在1943—1945年三年之間有幸參與，見證了中美雙方共同合作，以龐大的代價，維繫了中國戰區的存在，並得到最後的勝利，梅樂斯搭乘次數太多，把自己當成是飛行員，他說：「我應對這1500名殉難於『矽谷』的空勤人員致上最誠摯的敬意。」

為了防止日本飛機循著電波而來，無線電被嚴格限制使用，導航電臺也時常突然關閉，有一次十幾架飛機因此迷航而失蹤。

至於在冰雪、大霧或因機械故障迷航那更是家常便飯，因為當時有一句口號「飛駝峰航線是沒有天候限制的」。

許多問題在不斷的爭吵中總算解決。1943年8月28日，梅樂斯首途前往加爾各答，那是七天之中第一班開出新德里的火車。印度人的「不合作」運動，使得一切事情都停頓下來，甚至於就在他這趟旅程中，由新德里到加爾各答一共是八百里，竟然誤點二十四小時。

途中有一列列車被點起火來。車上既無吃的也無喝的。有一兩回發現前面的鐵軌被拆除了。由於這種情況，他們的車走得只比徒步旅行稍快一點。

第十二章 較量

除了交通困難，梅樂斯還不幸地成為軍中內鬥的犧牲品。美國海軍與陸軍長期爭奪對中美所的領導權，為了爭奪對中美所的領導權，海軍與陸軍之間的矛盾，自始至終一直沒有得到解決。

白人至上

1942年7月22日，梅樂斯在報告上寫道：「……此地（指美軍人員）正有一場權力之爭，辦公文的人似乎比打仗的人還來得多。」他又寫道：「史迪威顯然不能控制空軍。」但是他的兩員大將畢賽爾與安諾德都對陳納德開火。梅樂斯卻力挺陳，說：「陳納德是目前在中國唯一曉得在天空打垮日本鬼子的人。如果他能指揮並有些飛機的話，他可以把這地方的問題清理出頭緒來。」

畢賽爾原為史迪威麾下的參謀人員，1942年6月升準將，後來轉任陸軍第十軍所屬的空軍指揮官，嗣後又升陸軍航空隊情報處長。安諾德為美國空軍元老。1941年5月，任陸軍副參謀長，主管所屬空軍，當時空軍尚未成立獨立軍種而分屬陸海軍之下。安諾德於1944年12月晉升為陸軍元帥，為當時的四位元帥之一。

自梅樂斯來華與戴笠接觸之後，瞭解到軍統這個龐大的特務組織，不僅有種種強大的特權，而且機構遍佈各地，如果能透過這一組織進行工作，可以毫不費力地得到美國所需要的一切。

梅樂斯的這一發現，立刻引起陸軍方面的注意。海軍生怕陸軍插手，所以中美所剛談判成功，便立即明令宣布：「美國駐華的海軍有關機構，乃美國太平洋艦隊的一個工作單位，應在艦隊總司令直接指揮之下作戰。」這項宣布，目的很明顯，中美所應當由海軍

單獨控制，其他單位不能過問。

海軍這一行動，反而造成了「此地無銀三百兩」的相反結果。陸軍原來還不太注意，這樣一來，便透過美駐華武官等深入瞭解，得知這是深入中國各處的大好機會，決不能讓海軍獨占，因此也馬上聲明：「凡是在華美軍，均應受美國中印緬戰區司令部節制，並接受美軍參謀長之統馭。」當時的參謀長為馬歇爾，他從一開始就反對中美所成為一獨立機構，直接由海軍來指揮。

另外一個想控制中美所的是美國戰略業務局局長杜諾萬。

這個局是由美軍情報協調處改組擴充為兩個機構，軍事情報局與戰略業務局。杜諾萬一向與陸軍方面較為接近，所以對陸軍想控制中美所，他不但極力贊成，而且希望能藉機把中美所置於戰略業務局的掌握之中。中美所剛一成立，他就加派梅樂斯為戰略局駐遠東代表，先後控制梅樂斯。

杜諾萬這一如意算盤，立刻遭到美國海軍部和戴笠的反對。杜諾萬便請陸軍出面，向梅樂斯提出要派遣一批教官來華，協助中美所訓練軍統所控制的特務武裝，還企圖在西北另行建立據點，並派出巴納斯與約翰·海登博士等來華。

梅樂斯立即告訴戴笠，認為杜諾萬派人來不先徵求中美所同意，堅決不接受，結果陸軍方面準備好的一些教官只好半途回去。

杜諾萬並不罷休，所以1944年中美所簽訂第二次補充合約時，他便作為美方主持人，企圖以戰略局取代海軍情報署來控制中美所，並推薦戰略局的柯林上校為中美所美方第二副主任，也為梅樂斯與戴笠所拒絕。

魏德邁繼史迪威出任中印緬區美軍司令後，他對中美所與軍統局不但歧視而且成見很深。他極力主張將中美所置於戰略局指揮之下，應使中國人退居被支配地位，對中美所主任由中國人擔任早就

感到不滿。

美國一些「白人至上」主義者更從中推波助瀾，而梅樂斯則堅持戰略局來華工作人員應受中美所節制。魏德邁便進一步要中美所必須受他指揮，否則他就辭職。

官司打到華盛頓，代表陸軍的馬歇爾首先贊成魏德邁的主張，空軍亦隨聲附和，海軍雖力爭仍無結果。

美國聯合參謀本部便發佈命令，要在中美所工作的美軍人員，自梅樂斯以下均直接受魏德邁之指揮。

梅樂斯對魏德邁只是表面上承認受其指揮，實際上並不理會，魏德邁司令部的人員便藉機予以打擊。

如中美所每月所需物資約一百五十噸左右，實際上連半數都不給運送。海軍方面願自備飛機、車輛為中美所運輸物資，亦被魏德邁阻攔。

海軍元帥尼米茲氣憤之餘，曾表示要用軍艦來給中美所運物資到印度，再經雷多公路運往重慶。美國海軍方面原準備調往中美所工作的人員為三千人，因得不到陸軍支持，有兩千左右的人滯留印度，無法飛越駝峰。他們又不願吃苦經公路來華，結果一直拖到抗戰勝利，即由印度向後轉返回美國。

遇刺

大約在午夜，梅樂斯的車開進印度一個叫做阿拉哈巴的車站，為了吹吹風，換換空氣，他走到月臺上去。

這時，車站上常有的嘰裡咯嗒的各種機械聲音在響，月臺上的燈光昏暗不明，而梅樂斯又正在為了他所遭遇的種種難題而傷腦

筋。

無論如何，梅樂斯當時並沒有聽到有一個人向他走近，忽然間，他感覺到有什麼東西太靠近了，他轉過身來，急忙一閃。

幸虧他這一閃，但可惜閃得不夠快。一把本來是對準了他頭部的刀子，劃過他的右臂。

梅樂斯機警地一把抓住那個人，那人幾乎是赤身露體沒穿什麼衣服，身上光溜溜的都是汗。他的頭髮也剃得光光的，所以渾身上下沒有一點能讓他抓牢的東西。

不過，梅樂斯的動作使他大吃一驚，失足跌倒在月臺上；但他把梅樂斯也扯得跪在了地上。這時候，梅樂斯又挨了一刀，這次是他的大腿。

這一事件發生得十分突然，而且十分平靜，但在這一瞬間，梅樂斯勉力支持著，一腳踢中了他的下巴。

但因為他的鞋是軟的，所以，那一腳並沒有把他踢成重傷。只是他並沒有再站起來，當梅樂斯再要踢他的時候，他就一路滾離了月臺，躲到了一輛停著的貨車下面去了。

然後，他由貨車車皮下面，爬過了鐵軌，站起身來抱頭鼠竄而去。

他本來想窮追下去，但是發現一只鞋裡滲滿了血，每走一步血便直往外湧。梅樂斯只好停下來，眼看著那傢伙乘著夜色跑掉了。

四周馬上圍起一圈人來，有些是從月臺對面停著的那列車上下來的，有些則是從他乘的那列車下來的。車上有印度的部隊，正在開往西北前線的守軍，他們去把軍醫請來了。

那醫生提著大大的醫療箱，就在月臺上替梅樂斯詳細地檢查了一番。在他的兩處傷口撒了一些藥粉，梅樂斯猜想是磺胺類藥物，

他替梅樂斯包紮好,在他的手臂和腿上不知綁了多少繃帶。

當梅樂斯坐在那兒,醫生一面給他綁紗布,梅樂斯一面牙齒咬得格格作響的時候,才發現那個刺客因為這次行刺未成,留下了一點東西,那是他的一段舌頭,落在月臺上梅樂斯的身旁,顯然是當他踢中他的下顎時,被他自己的牙齒咬斷的。

他跟醫生要了一點紗布,就把那一段證物包了起來放到衣袋裡。此時梅樂斯心裡又想著別的事情。不管那個攻擊者是個什麼人,反正他絕不是一個普通的扒手或強盜。梅樂斯當時穿著軍裝,所以他的身份是很容易辨認出來的。如果,「美國海軍中校梅樂斯」是他要攻擊的目標,那一定與他所從事的工作有關;而且與他和戴笠有那樣密切的關係有關。

幾個禮拜以來,梅樂斯一直非常不滿意,甚至感到氣沮心灰。梅樂斯原本對於自己原有的使命深具信心,不過各種無端的耽擱,與海軍部他家中的音信斷絕,以及各種重要設備與物資的短缺,都使他焦慮沮喪。

不過,現在梅樂斯說道:「我可以說,如果我真是一事無成的話,也就不會有任何敵人為我而頭痛,那麼,他們也就無需不辭辛苦要在我的火車上安置一個刺客了。」

當醫生陪梅樂斯回到那又小又悶的車廂中時,他心裡還在這樣想著。

行車時間又稍告延遲,第二天午後梅樂斯到達了加爾各答,他並沒有向英方的憲兵隊或任何其他治安單位報案。

由於印度人的不合作運動,英國人的煩惱已經夠多了。此外,他們如果認真調查的話,一定會使梅樂斯在印度耽擱的時間更久。

梅樂斯找到他們美國海軍駐加爾各答的聯絡官,替他找了一位醫生。梅樂斯對他說,傷口是在夜總會中打架的結果,所以不希望

宣揚出去。那醫生似乎善體人意，後來他從梅樂斯的傷口中挑出來一片段在裡面的刀刃，梅樂斯叫留給他做紀念品。

當天，梅樂斯就把刀片和那段舌頭，一齊交給了戴笠駐加爾各答的代表。這代表的地址是他在重慶時就曉得的。

梅樂斯這時急於離開印度。第二天清晨，他竟被送上一架開往重慶的飛機。他身上仍綁著很多繃帶，稍一移動，便感到痛楚，因此心情也不太好。

次日清晨三時三十分，梅樂斯去達姆機場趕一架開往昆明的飛機，英方控制的檢查人員想要沒收他身上所帶的美國鈔票，據說每一塊錢都是政府的公款。

雖然印度在戰爭時期電話通訊的情況很糟糕，梅樂斯還居然能撥通電話，把他們的總領事從床上喊了起來。使他感到意外的是，這位總領事不但滿心歡喜到機場來幫梅樂斯解決問題，而且來得非常之快。

在昆明換過飛機之後，梅樂斯於那天黃昏再度到達重慶。比他「修養元氣」的時候，體重減輕了十五磅。

梅樂斯離開重慶時，腿上也有繃帶，但傷勢顯然已大大好轉。此刻他不但仍帶著更多的繃帶，而且一條膀子和一條腿都傷得很重。

梅樂斯起初認為，戴笠大概對梅樂斯在印度的遭遇不會怎麼太關心，想不到他關心得很。而且，他的手臂伸得可真長。雖然梅樂斯遇上的那個刺客，在留下一段咬斷的舌頭之後，就趁著茫茫夜色混進有四億人口的印度大眾之中，戴笠仍然嚴令部屬，一定要把那傢伙查出來。而他們竟然真的查到了。

他們所有的線索，不過就是那一段舌頭，一片斷了的刀尖，以及梅樂斯對這意外事件的說法，他們竟然在短短的兩週之內就查出

結果來。

那個刺客乃是一個漢奸，有一半韓國血統。他是在山東煙臺附近日本人辦的一所間諜學校裡訓練出來的。戴笠的工作並未到此止步。

他認為既然敵人和漢奸肯花這樣大的功夫來圖謀梅樂斯，那麼，梅樂斯今後就應該採取嚴密的戒備措施。

他告訴梅說：「如果不帶衛士，你不要到外面去。你的座車要常常更換。如果不是你自己的廚子掌勺，你不要在外邊吃飯。」

「好吧，」梅樂斯心裡想，「我過去所受的訓練，從來不是準備要打這種戰爭的」。

友誼

梅樂斯在戴笠及第三戰區的幫助之下，南下皖南，北上蘇北，東去福建。

他們或沿江而下，或溯江而上，或在炮火之下穿梭，或在青山綠水間挺進……就像歌詞裡唱的：「哪裡烽火連天，哪裡正在抗擊著日寇，哪裡有我們的國民革命軍人在浴血抗戰，哪裡就有美軍的身影……」。梅樂斯也不知不覺中學會了唱。

梅樂斯認為他們需要一些優秀的人，比平均水平更好的人，適合於海上生活的人。但戴笠認為：「我們最好還是訓練我們自己的人，來做我們自己的特殊工作，我們最好能從一個經過仔細甄選的後備軍名單中來挑選他們。」

梅樂斯也希望用自己人，但是卻要求以中國人的條件訓練。

「我希望要一些身體健壯的人，」梅樂斯寫信給麥茲爾上校

說：「但都要有一點狂熱的熱情。不過只應稍稍帶一點狂熱熱情，不能像我有的那麼多，以便為把舵的船長保留傳統的階級特權。」

「他們應能在所派從事的任何任務中，與日本鬼子作戰，絕不與同船的夥友打架。不要文質彬彬，專講公文手續的辦公室職員。」

「所有人物都應懂得不止一種工作。」

「我們的新兵，不應是『中國通』。他們對中國所知越少，他們便越不致對中國發生錯誤觀念。我們可以全部在這兒教育他們，使他們獲得中國人的讚賞。」

「我們的志願人員必須準備依照中國人的方式吃住，不能期望更高的享受。他們必須戒酒，因為這是一種太容易受到醇酒危害的工作。至於女人，倒很容易訂立規矩，因為這兒根本就沒有一個女人。」

「派來的人，最好要準備過一種與禽鳥樹木為伍的野外生活。他們最好是習於煙鬥和喝茶的人。我們在這兒既無香煙，也沒咖啡。」接著是一些關於專長、健康、年齡之類比較普通例行的職業性的必需條件。

但這已是相當可觀的「背景」了。

在那次戴笠的宴會結束之後，梅樂斯他們告辭出來，海吉轉過身來對梅樂斯說：「這個戰爭憑著什麼來打呢？筷子嗎？」

這是一個很實際的問題，梅樂斯他們這批來中國的人當時所面臨的情況很諷刺：「中國人已把日本人牽制住了，動都沒法動彈，我們的確沒法出一點力來。」一直到9月下旬，梅樂斯他們才接到第一批供應品，就連這批東西，也成了極大的笑柄。

梅樂斯在華活動是以協助中國抗日為名，而來到中國的美國人

不是特務首腦，而是中國友人梅樂斯，是戴笠的好幫手，戴笠曾說：「中國人民是不會忘記他的。」

他在中國的幾年當中，不但盡心竭力地幫助戴笠，培養大量美式特工和選送軍統大特工赴美國學習，以加強軍人對中國人民抗日聖戰的信心；並供應大量武器，來反擊屠殺中國人民的侵略者，為軍統訓練和裝備了數以萬計的武裝特務部隊，企圖加強反攻日本阻礙中國人民的建國事業。

抗戰勝利以後，中美共同破獲的許多潛伏日偽特務組織，都與梅樂斯過去在華與戴笠的聯合活動有密切關係。

他是一個非常用心學習的人，也是一個中國通。他在和戴笠「合作」的幾年時間中，賓主關係是處得非常之好的。主人對客人關愛備至，使得客人們也恭順異常。

他很瞭解戴笠的為人，表面上是好勝逞強，骨子裡又是另有一套。所以每次他和戴笠在有軍統大特工參加的會議上，從不直接讓戴笠下不去臺。

每遇到不能解決的問題而要堅持他的意見時，他總是用「讓我考慮一下」這句話敷衍過去，等到他回到辦公室，便立刻以書面的備忘錄通知戴笠，讓他再考慮考慮，如果戴笠還堅持己見，梅樂斯也毫不猶豫地幫他完成心願。

戴笠也接到過一些與他意見不完全一致的通知，有時雖然還要發一下脾氣，但過一會兒仍同意完全依照這一通知去辦，不堅持自己的意見。

因為梅樂斯從來不當著戴笠的部下給他難堪，所以戴笠便往往可以向部下證實他和梅樂斯之間不但完全平等，有時梅樂斯還得聽他的。

其實真實情況是梅樂斯完全聽戴笠的。

一位美方部屬說：「我在那幾年中從來沒有看到，哪一件稍許大一點的事，戴笠不能自己做主，而必須聽梅樂斯的話。」

據他所瞭解，「戴笠有時也從善如流」，像他曾經希望在廣西柳州或桂林成立一個中美特種技術訓練班，梅樂斯認為沒有必要，戴笠只好依他，而把廣西的特務部隊送到貴州息烽去訓練。

還有，當時戴笠希望中美所的武器多集中到重慶，梅樂斯卻要多配給到東南沿海地區，以便接應美軍在東南登陸。梅樂斯一定要在貴陽成立大武器倉庫，這樣便可以把運到昆明的武器分置到貴州後更快地運往西南。

又如，戴笠一直不愛照相，梅樂斯也叫他改變過來，任意由美國特工們給他拍照。

梅樂斯很懂得戴笠的心理，他為了永久能與軍統這一組織在中國從事特務活動，除了在美國宣傳戴笠的種種傳奇式的傳聞和他在蔣介石身邊的作用，使得戴笠感到非常感念以外，他還極力鼓勵戴笠應當去美國遊歷一下。

梅樂斯不但對戴笠肯下功夫，即使對派在中美所工作的大特務和軍統的處長級的特工也是盡力表現出一副大方的姿態。

不少的大特工都得到過他贈送的手錶、衣服之類的東西，一般都能得到些香煙、巧克力糖之類。個別的人還得到他贈送的手槍、卡賓槍、湯姆生手提機槍。他還送過一部吉普車引擎，自己可以裝配成一輛汽車。他在贈送這些東西時，總是叫人用打字機打好一張證明文件，由他簽名，以免誤會，同時更顯正式。

第十三章 魔鬼訓練營

在美國人梅樂斯看來，中美合作所的核心是他來華訓練游擊隊。

梅樂斯在自己的日記裡記得清清楚楚——「在中美合作所存在的三年裡，共有2500個美國人輪流去中國服役，他們大多數是海軍」。但是梅樂斯不僅僅把他們當作軍人，更希望是中美合作團隊的教練，他寫道：「我的主要任務是訓練中國游擊隊，與日本人作戰。」

中美合作所展開前所未有的大訓練，像神創造宇宙般的由無到有、由弱變強。

絕大多數的官兵被分配到重慶城外的總部，或到遍佈中國各地的14個分所去，他們把類似童子軍戰地訓練的計劃與謀殺、破壞和小組作戰的教程結合使用。

在戰爭最緊張的後三年，雖然梅樂斯只讓26794名學生正式從中美合作所訓練營畢業，但其訓練基地卻為戴笠的軍隊培訓了4—5萬名戰鬥員。

戰爭結束後，中美合作所的游擊部隊包括97000名中國人員和3000名美國人員。梅樂斯無愧地寫道：「這支強大的力量消滅了七萬個日本人。」

磨煉！再磨煉！

無論梅樂斯這些說法的可信度如何，美國陸軍部調查報告卻肯定了他們的作戰精神，因為他們表現出了「他們大無畏的英雄主義

精神」。梅樂斯認為：「當這些人在回顧自己的戰爭經歷時，他們感到的是驕傲和對部下的鍾愛。」

梅樂斯回憶到，幾乎所有這些美國人在赴華工作之前都對中國一無所知，也不會說最基本的漢語，所以他們有時對環境的誤解往往令人發笑。

美國情報單位提供的數據令人震驚，梅樂斯在日記中自嘲說：「我們相信，當他們中一些人得知自己在中美合作所鼎盛時期，曾經參與訓練國民黨政權最『恐怖的、專門以綁架、酷刑和殺害等手段』從事迫害整個『國統區』裡的進步分子的秘密警察組織的時候，他們想必十分震驚，或者無法相信。」

然而事實上卻只是，這些美國年輕人與中國年輕人都是群孩子，他們像親兄弟一般合作無間，為了共同的目標而奮鬥，就是這麼簡單。

他的副手杰克森上校記得，他初到中國時的第一印象，讓他嘴巴張得老大，幾乎說不出話來。他是被招來的中國新兵們虛弱的健康狀況所震懾。

美國年輕人的這種極度困惑，部分緣於他們對體型略小的中國學員們懷有的好意和長輩般的慈愛，在他們看來，這些新兵往往像孩子似的，他們一方面行動遲緩，但另一方面「他們的心志卻極為強硬兇猛」。

所教授的課程從一開頭就一直進行得很順利，戴笠時常留在那邊看看進行的情形，他對所見之事，深為滿意。不久他就表示希望能多開一些同樣的班，每班加多一些學生，到五百人，一年畢業！

梅樂斯覺得美國方面並沒那麼大的力量，不過他們同意了半年課程的計劃，只要他們能有足夠的空間。

戴笠瞭解那是什麼意思，梅樂斯後來用感激的口吻說道：「將

軍永遠都願意拿出一點東西，投桃報李，來酬謝他所得到的東西。」他同意讓他們的教官，根據健康情形、過去學歷、本身能力等條件，來當面挑選新增的學生。

戴笠有三個警察訓練中心，一處在息烽，在重慶正南約一百八十里，距貴陽不到四十里，梅樂斯派出幾個弟兄，先到那邊去探路。這座學校，約有學生五百人，年齡從十三歲到三十歲不等，其中將近一百個都是年輕女人。

「訓練一批女警察，對於這個戰爭，也許可能是件很好的事。」梅樂斯帶來的美國人發表議論說。他帶點懷疑地補充說：「如果我們真能訓練成功的話。」顯然他們對訓練中國人信心不足。

這些中國人在剛從美國受過警察訓練的弟兄眼裡，顯得身材瘦小，有一種體弱多病的模樣。但在各處看過一遍後，特別是檢查了為訓練學生所設的障礙場地後，雷德·詹仁上尉便批准這一批學生是可以合格的。

「我確實認為，」他後來寫道，「那片障礙場地是為了施行嚴酷而非常的刑罰而設的；可是那些小傢伙居然都能蜂擁穿梭過去。除了兩架生了鏽的沒有剎車的腳踏車和一架沒有電力的完好的攝影顯微鏡外，這便是他們的唯一設備了」。

到息烽的美國教官，每位教官都把他們所要教的科目，先講一個引子，再測驗翻譯，看看他們所講的東西，是否真灌輸給了那些學生。然後他們徵求一百個學生，志願參加這個新的課程。結果，他們發現全校學生都一致報名，參加應徵，梅樂斯說：「我們的人開始看到，在中國，唯一比教育更受尊敬的事，便是受到更多的教育。因此，誰也不肯拒絕參加任何一個課程。」

事實上，學生都主動地提出，願意自己動手來建造莊士敦少校

所認為必需的新的場地、教室和實驗室，而且還擬定在1944年1月把這些東西全部完成，這個反應很好，正是典型的中國人作風，極大的熱情，但沒有計劃。

一人一支槍

中國對日抗戰是以「血肉築長城」，「一寸山河一寸血」不僅是口頭說說，而是真刀真槍地硬幹，抵禦外侮讓中國人比起美國人要早熟了許多。

梅樂斯到中國要在最短的時間裡訓練出打游擊的軍隊，游擊隊新兵就是戴笠從原來的蘇浙「忠義救國軍」或日本人的占領區裡挑選來的。

從上海和華東地區徵召過來的這些年輕人個頭雖小，卻非常賣力，因為他們在日本人的占領區受過苦，所以復仇心切。但從美國的標準來看，他們的體質「差得可憐」。

新兵的平均身高為5.6英呎，體重是140磅。在這幫人中發生過幾百例疥瘡、結膜炎和潰瘍等病案。

由於這些人糟糕的視力，對眼力的要求不得不從20/20降低到6/15。然而，這些人具有非凡的身體忍受力，這使美國人馬上對他們產生好感。

教員們看來，中國新兵之所以優秀，正因為他們原始的適應力。中美合作所的訓練官們經常講起「堅韌」的中國腳，感佩道：「他們只穿草鞋而不穿皮底的鞋子。」

梅樂斯形容：「他們是十足的農民兵，正如他們動物般的野勁那樣，使他成為出色而兇狠的黑夜殺手，他們非常習慣黑夜行動。」

於是，美國人對中國游擊隊員令人難以置信的夜視力感到驚訝。美國教官們普遍覺得：「他們完全像一隻貓那樣能在黑夜裡看得清清楚楚。」

被美國教官形容成「好學」和「精益求精」的中國新兵們，由於手、腳和腿的敏捷，他們很快就掌握了近距離擊倒敵人的要領。

然而，孩子畢竟是孩子，這些現象被形容是一種少年氣，而非成年人的熟練。教官們報告說，中國人「帶著美國孩子在沙地遊樂場上的那種興奮」參加襲擊練習，許多人不知道這些技藝都只是為了「活命」。

翻開歷史，中美兩國的年輕人，在上個世紀絕大部分時間是敵對的，大部分見面是在戰場上，如今卻為了共同的目標走在一起，這是多麼奇特的現象，在年輕的美國教官和他們的「學生」之間的文化差距非常大。語言不通一直是個障礙，在缺乏稱職的翻譯和地區方言繁多的情況下尤其如此。

許多教官以為自己很受歡迎，其實絕大多數只是勉強被接受而已。最糟糕的是那些認為必須「用美國軍事方式來訓練中國人」的教官，都經過了一段與中國士兵合作的「磨合期」。

不過平心而論，梅樂斯認為美國人「把我們知道的所有技術，都教給了那些接受訓練的人」：單人格鬥、爆破、無線電、攝影、醫藥，「甚至開始有點FBI的味道」。

在梅樂斯眼中，中國人的射擊特別優秀，他們興奮地使用由美國海軍提供的新式、乾淨、快速的武器，換下了他們以往所熟悉的過時的德國、捷克和日本武器，就更不用說生了鏽的中國仿製品和老掉牙的鳥槍了。

儘管有些美國人認為他們不應當提供45口徑的湯姆森機關槍，因為它們相對中國新兵的平均身材太重了，但梅樂斯決定，每

個訓練班的學生在訓練畢業後,都應該有扛在肩上的湯姆森機槍或30口徑的卡賓槍,或者有38口徑的左輪或45口徑的軍用可特式(Colt)自動手槍。

自然,每件武器都占據了飛往重慶的運輸機。運送給中美合作所的貨物,經常被盟軍拒絕載運,或要求減少份量。但梅樂斯與戴笠都堅持:「沒有槍怎麼殺鬼子?」

另外,戴笠要讓他所有的外勤幹員至少有一把槍。梅樂斯認為應該只發給士兵,但戴笠堅持,在訓練完成後都發槍。關於這一點,這兩人在整個戰爭中一直持不同意見,最後梅樂斯屈服了,他說:「中國人報仇心太強了!」

顯然這是因為美國人「不論從軍事角度還是從感情上,都無法理解現代武器對中國的意義」,而戴笠的人全都具有一個「中國人特有的、為得到每一件可能得到的武器的執著的渴望」。兩人的合作顯然也存在許多的波折。

甚至對於中美合作所的訓練營來說,有些結果也十分荒唐。

1945年4月一大批學生從第十班畢業了。由於美國軍事指揮官無法區別中國人,他們擔心美制的手槍和半自動機槍,會落到那些冒充的畢業生手裡。但怎麼能在隊伍裡,尤其是穿著一模一樣軍裝的中國人中間把他們區分出來呢?

梅樂斯終於從他的屬下——巴爾的摩來的海軍軍醫格銳夫上尉身上想出了辦法,他說:「你們為什麼不用紫藥水在每個練習生的背上畫個數?」

這真是好主意,梅樂斯讚道。因為當每個人走出列隊取槍時,「你們看一下他的背後,假如背上有一個數,你們便可以確定他不是地方警察部隊的人,而是我們培訓的軍營戰士。」

六個好漢

　　1944年初，梅樂斯與戴笠已在東南設立了四個情報站和一個前進指揮所，並在閩北成立總指揮所，甚至浙江、江蘇與廣東的游擊隊，也都由這個處直接指揮。

　　這四個情報站的工作，以上海站最受美國本土的重視。

　　站長莊心田是戴笠的愛將，他經常透過一些漢奸蒐集日本本土的情況。特別是有些特工親自看到日寇海軍艦隻，在與美國海軍發生戰鬥後受傷拖回來修理的種種表面現象，更是美國海軍方面急於要瞭解的材料。因此這個站的工作經常受到獎勵。

　　另外還有閩侯站，站長王調勳；定海站，站長張元；漳州站，站長王德元。他們都是負責蒐集日寇在沿海地區的活動，主要是以海軍和對沿海的軍事部署情況為主要偵測對象。

　　據梅樂斯說，這是美國海軍準備幫助中國打日本，準備從海上向日寇進攻，派遣部隊登陸，前後夾擊日軍。當時許多人都堅信，事實上也是戴梅二人的願望，總希望歐美盟軍幫他們早點開闢在中國沿海地區的戰場。

　　中美合作所的第一個訓練點設在安徽南部商業中心徽州以南幾公里外歙縣雄村的一座山廟裡。與軍統的培訓點一樣，因其地名而被訓練點成員們稱為「雄村班」。一開始只有6個美國軍官和美國海軍陸戰隊馬斯特斯少校手下的軍人。他們的設備是從重慶用6輛機動卡車拖來的武器和軍火。

　　據說在不遠處有6000名「忠義救國軍」的士兵，附近還有戴笠的2000名「訓練有素」的部隊，他們似乎都準備好了向訓練班提供受訓人員，不過他們都缺乏軍火和軍用設備。

　　中美合作所的教官們用了6個月的時間來準備一個由320人參

加的有關游擊戰的課程。然而令人失望的是，首批新兵們起初都不合格，沒辦法派上戰場。

這又是兩國文化與總體經濟實力的差距。據梅樂斯回憶：「戴將軍的指揮官們負責提供人員，但他們轉而要哄騙管事的團營長們，才能把人員派往這個新訓練項目。結果，首先那些被派來的人，往往是所在部隊中最無用的人。在梅樂斯的訓練點顯示了其價值並且被全面接受後，他們才把真正要的那種人分配給我們。」

素質太差也是問題。起初，招來的新兵搞起走私和間諜來十分拿手，他們經常去上海替美國人搞來汽油、車胎、報紙，甚至麵粉口袋，梅樂斯的人用它來運送一種俗稱「杰彌瑪大嬸」，類似麵粉、用來製造炸藥的物質。

到頭來，這個訓練班的記錄有好有壞，戰果時好時差，部分原因是日本人把300個俘虜過來的美國海軍陸戰隊士兵，也是游擊隊的教練們全都從當地趕走，導致營救美國戰俘的失敗。

第二班在湖南洪江班，有意選在湖區，離中國海軍訓練學校水雷製造站不遠。美國人計劃使用包括海賊在內的中國內河水手和小型船隻駕駛員作為海軍力量。

梅樂斯後來寫道：「我們從來沒有放棄過這個想法，但也從未發展過它。」部分問題是「戴將軍對船隻一無所知，而且他對中國海軍的人沒有控制力，甚至連在內地的部分，如第二班附近的也沒有」。

第三班在河南臨汝，亦稱牛冬班，游擊隊可以在那裡騷擾敵人的通訊線路。他們駐紮的山廟叫鳳穴寺，豫西朝拜的人都知道這座廟。由於可怕的饑荒和戰火，鳳穴寺曾頹敗不堪。有的和尚搬到了廟的另一面，有幾個年輕的難耐饑餓，索性加入了中美合作所的訓練班。

由於在戰鬥中裝備不足，臨汝班的游擊隊沒有牽制住敵人，相反，在日本人進攻時，他們便向西逃散。

臨汝訓練縱隊的美國教官們的頭銜都不高，在上士和上尉之間。他們都不懂中文，完全依賴從軍統翻譯班來的8個翻譯，然而這些華僑出身的洋涇浜，連最基本的軍事詞彙都不懂。

結果，只有幾個美國軍官知道學員們的名字，當時中國學生都住在寺廟裡面，而美國人則住在寺廟東邊一塊平地上，有12間屋子的西式房子裡。起初他們的生活條件非常優越，還有廚師專門為他們做西餐，但他們很少與同住一個營地的中國人來往。

梅樂斯發現這個問題十分嚴重，他問過一個名叫仲向白的，他在臨汝班做政治教員的4個月裡，從來沒有跟一個美國人說過話。

除了不能跟外國人結交以外，戴笠的部下也被禁止參加任何政治活動，並嚴禁學美國大兵的「開放」與「標新立異」。梅樂斯也覺得不可思議。

儘管這是國民黨機構，但臨汝訓練班不允許有任何國民黨團體，包括「三青團」在內。而且，每個學員都必須寫一個自己的政治背景履歷，並和政治指導員詳細地討論這份履歷，政治指導員還在飯桌上或閒暇時間觀察學員們的政治傾向。

梅樂斯發現戴笠對軍統的基本原則，如蔣介石是國家的偉大領袖，軍統是全國「清廉的」和「最革命的」部分，秘密特工是委員長的「耳目」，以及一個理想的軍統特工必須既是個無名英雄，又要具有「革命的人生觀」等等，任何人如果有所質疑，便被當做離經叛道者，打上對黨國「不忠」的標籤，梅樂斯寫道：「我是有意見的！」

第六班是華安班，設在福建漳州。建於1944年8月。

在這之前，中美合作所參謀長李崇詩，陪同梅樂斯去了福建沿

海地區，軍統閩南站站長陳達元接待了他們。這三位官員都認為，在這個海賊和土匪出沒的地區建立訓練班非常重要。

梅樂斯回到重慶後，說服戴笠親自在7月前往，曾為出版中心的福建北邊山區的建陽縣，與陳達元和閩北站站長王調勛見面。戴笠不僅同意建立這個新訓練班，而且決定成立一個「中美合作所東南辦事處」來監管上海、定海、福州和漳州4個重要情報站。

華安班開班時也困難重重，從一開始就充斥在陳達元和雷鎮鐘兩人的關係網，他們都是訓練班的副主任，控制著縱隊之間的派系鬥爭，其中一個縱隊長與戴笠的私人關係，使這種鬥爭變得更加複雜。

梅樂斯還發現，儘管美國教官們積極努力，許多訓練項目仍非常鬆懈。雖然雷鎮鐘受過軍隊訓練，但陳達元卻是個農業專家，對軍事一竅不通。

他也察覺到軍統的中國官員們，還對中美同級官員的不同工資感到非常不滿：前者每月200元，後者比前者高10倍。更有甚者，幾個美國人的伙食水平相當於整個縱隊近百個中國人的伙食。

初時美國人對整個訓練班財政上的控制，顯然無助於平息中國人對這種巨大的伙食差別的義憤。

除此以外，還有9個戰地訓練點：修水（江西）、建甌（福建）、玉壺（浙江）、東峰（福建）、息烽（貴州）、臨泉（安徽）、焦嶺（廣東）、港口（浙江）、梅縣（廣東）。但最重要的訓練點是中美合作所第九班，它設在離重慶約20公里的嘉陵江畔的總部。

梅樂斯決定改革，他擬定出新的規章、制度，都是參考美式訓練，課程也大幅改動，以專業技術取代八股說教，他向戴笠要求改善，原以為會被拒絕，沒想到他一口答應了，並且雷厲風行地貫徹

了這些要求。

梅樂斯猜想他也許早就想改革了,只是來自黨內保守派阻力太大,他無法獨力完成,如今藉著梅樂斯的手做到了,但是政治課程仍然保留部分,梅樂斯沒有再爭,他認為:「他畢竟還是一個有理想、有抱負的愛『黨國』者呀!」

第十四章 無名英雄

經過長時期的相處,梅樂斯發現真實的戴笠。

這位美國高階軍官這樣描述中等身材、體格魁梧的戴笠:「他走起路來像是脊樑骨上了鋼條,步子大而有力,像是中國戲臺上的英雄人物誇大了的步伐。他那犀利審視的目光,像是要把人的五官和個性記下來以備後用。」

無字碑

戴笠稱他的一生所做的一切都是為了「繼續孫中山和革命烈士未竟的事業」,他也一直要求自己和部下要忠於「國民革命的理想,不計個人名利得失」。

在重慶軍統局山坡上有塊無字碑,戴笠經常要求部下「清除一切私心雜念,甘當無名英雄。無名英雄就要隨時準備作出犧牲,他們是堅忍不拔忍辱負重的典範,他們是領袖的工具」。他說:「只有領袖才能創造偉業名留青史。」

蔣介石對戴笠領導的特工群的「死忠」,也曾高度評價說:「革命的成功,全靠特種工作人員,他們是革命靈魂、國家保姆。」據軍統大員沈醉回憶,抗日戰爭中軍統犧牲者達一萬八千人之多,而當時全部註冊人員僅為四萬五千餘人。

日軍登陸時,軍統外圍忠義軍曾奮勇作戰。四支隊在蘇州河北岸全部陣亡,另有大隊長廖樹東率部和日軍作戰,犧牲慘重,僅餘百餘人,猶繼續抵抗。在被包圍時,日軍勸降,他們堅持抗戰,最後廖的兩腿被炸斷,面對強敵,他將剩餘的手榴彈投擲出去,斃敵

十餘人，自己滾入黃浦江溺斃。

戴笠派偵諜組長周偉龍送來麵包兩萬個，國旗兩百面，嚴令游擊隊，務必堅守陣地。戰鬥從11日開始，一直打到13日，整整三天三夜，日軍沒有拿下南市。11月13日下午，軍隊接到國民政府發來的從上海撤退的命令。堅持到最後，這個最後說軍委會通知他們可以撤離了。但是隊長陶一珊說：「我們不退，因為我們還沒有得到戴先生的命令。」戰鬥仍在繼續，別動隊的人員越打越少。當天晚上，他們終於接到戴笠傳來的命令，即刻撤離戰場。他們守在石頭鋪那個地方，那個地方只有一個口子，就是租界，當時的法租界對中國開了一個口子。很多難民一開始跑到英租界、公共租界，最後都被封死，不讓中國難民和部隊進去。只有法租界，留了一個口子。由於游擊隊當中犧牲的很多都是杜月笙的門徒和軍統的骨幹力量，杜月笙和戴笠為此非常沉痛。據說杜月笙曾經茶不思飯不想，閉門不出。但此時由於上海保衛戰失敗，中國軍隊全部撤出了上海，迫於形勢杜月笙和戴笠也決定解散游擊隊。杜月笙拿出了20萬的法幣，作為遣散費，成立不到三個月的蘇浙行動隊，因此基本解散。但是也有一些殘部，逐漸匯聚到安徽和浙江一帶，繼續抗日，逐漸與太湖流域的一些民間武裝整合，形成了一支新的隊伍。

1938年4月，為了鼓勵抗日，蔣介石正式給予這支隊伍一個新的番號，叫「忠義救國軍」。

11月14日凌晨，南市陷落。事後據擔任別動隊人事科長的文強回憶，這次戰役結束後，軍統派出六個收容小組，四處收容被打散的別動隊隊員。但最終僅收容到萬人之中的五分之一，其餘絕大部分都在戰鬥中犧牲。

在民眾的支持下，忠救軍就像燎原的火種一樣，迅速在江、浙、皖、滬敵後發展起來，忠救軍的游擊戰令日偽軍疲於奔命，他

們或配合正規軍作戰，或在敵後破壞交通通訊，或騷擾襲擊敵據點，日寇對此深感頭痛。由於忠救軍破壞力強，又不斷衍生發展，日軍將其稱為「江南野鼠」。

由於對敵作戰成效甚佳，隨後仿照其組織，在各省都成立了軍委會黨政軍工作總隊，下設大隊、中隊、小隊，日軍占領區有游擊隊武裝「地下軍」、沿交通線的「爆破隊」、小型「戰地工作隊」等。在抗戰後期，軍統局設立了「軍事委員會別動軍司令部」。

別動軍既是「輕快部隊」，又是「武裝、便衣兩用部隊」，主要用來對日軍突擊、埋伏、偷襲、潛伏活動，配合友軍外圍突擊掃蕩，有時重心突破，但是絕對禁止正面作戰。

游擊隊的軍歌是這樣唱的：

舉杯高歌救國軍，灑熱血抗敵人，

糧缺彈少勇戰爭，聽歌聲壯烈入青雲，

又高歌對我同胞們，莫忘記敵寇深，

大家一齊向前進為民族犧牲不顧身，

救國軍，鐵是心，不怕饑餓風霜雨雪深，

救國軍，鐵是心，憑赤手與那槍炮拼，

救國軍，鐵是心，灑鮮血挽回民族魂，

救國軍，鐵是心，拚性命救沉淪，

又舉杯高歌救國軍，灑熱血抗敵人，

苦是生活鐵是心，開民族戰爭第一聲，

又高歌對我同胞們，齊加入救國軍，

不怕敵人炮火兇猛，看我們血肉築長城。

這首名叫「杯酒高歌」的軍歌，是忠義救國軍的軍歌，它有著一段如此悲壯的往事，戴笠經常用「忠義」二字訓勉游擊隊，連面對老美也是如此。

決戰大氣層

　　梅樂斯不止一次見到戴笠用傳統中國文化當教材，他也不反對這樣做，但是梅樂斯更需要戴笠在科學與專業上多下功夫。

　　當時，美國正與日軍在太平洋區域展開海空大戰，美國欲轉劣勢為優勢，必須採取機動的方式，果斷的攻擊。但是，海空活動，首重氣象情報。而西南太平洋的氣象狀況，秋末至春初西伯利亞高氣壓，南下中國，東向日本，然後越太平洋。夏季則全受熱帶海洋及赤道氣團影響。

　　當時，自中國東北起，經東南地區，到南洋群島，均在日軍占領掌握之中，所以敵方之氣象情報獲得比較正確迅速。

　　美國欲在東亞也獲得迅速而正確的氣象情報，最好能在中國設立專業性的秘密測候機構，所以由中美所部署氣象工作最為急迫。

　　中美所主要的任務，就是運用各種手段，協助美國海空軍確保太平洋戰爭的優勢，從海上擊潰日軍，打擊日軍的海上運輸，使其無法從南洋輸入預期的豐富資源，削弱其戰力，影響動搖其人心，瓦解日軍戰鬥意志。

　　為完成此項任務，中美所積極從氣象的測報、情報的蒐集、電訊的偵譯和沿海佈雷等方面齊頭並進。

　　軍統局為了加快進度，下令遍佈全國的各重要地下電臺，利用簡單的溫度表、氣壓計等器材，做目測簡報。梅樂斯總結認為：「戴將軍的軍統對訓練通訊專業人才、反制敵人訊息貢獻極大。」

這很大程度應歸功於地下電臺涵蓋地區的廣闊和電訊的暢通迅速。

梅樂斯同夥伴們的各項工作成果，除供給美國海軍部門作戰術上的運用外，還與駐防昆明的美國十四航空隊秘密取得聯繫，使其與美海軍在太平洋的海上攻擊呼應配合，東西夾擊。

梅樂斯來華之初，戴笠與他的合作即已首先進行此項工作：把中國當時測報氣象的「中國氣象局」、「航空委員會」、「中央航空公司」等三個單位所做的工作，做一協調，找到一批具參考價值的舊記錄，全部照相後，送華盛頓做研究全世界氣象預測的參考。

由於中國當時急切要做的是氣象情報、無線電解碼，還有在中國沿海河口日軍經常使用的水域中佈雷。因此，梅樂斯在每次彙報中提得最多的，是向美國總部爭取有關無線電的經費與設備——當然要轉報氣象報告，無線電也是必要的。如果建立了電臺，別的情報也可以送出去。

戴笠雖然也明了這一點，但是由於中國人過去與外國人交往的教訓，他對准許外國人設立電臺一事表示疑慮，這也是很自然的。梅樂斯無奈地說：「我只好一點一點說明，一個電臺需要的人員多少。如果沒有電臺，他們的氣象情報將無法轉報出去，也就等於沒用了。」

但是當工作完成了，到了論功行賞、接受表揚時，梅樂斯總是十分開竅地對戴笠說：「這些人的成功，完全要靠中國人民的協助和保護。」這讓戴笠非常受用。不但口頭上支持，還同意設電臺並且支持經費。

工作是辛苦的，代價是巨大的，特工樓登岳時任國府情報人員，他說：「當時最重要的就是氣象電報。我們派去的時候，美方告訴我們，一天要用電服報四次氣象。」

它根據這個氣象根據點可以畫人工氣象圖，這個圖可以預測到

哪裡颱風、哪裡下雨、哪裡有臺風......並且可以預報得很準確。

美方為設在重慶的氣象總站，增設電機、短距離傳真設備、繪圖設備、氣象圖書多部；增派二級氣象員佛諾尼，將每日所得資料，分別記載比較，分析統計，討論研究，調製成二十四小時至三十六小時的「普通氣象預報」和「分區概況預報」，以無線電形式向美國聯合參謀本部、美海軍部、美國艦隊總司令部、太平洋艦隊總司令部以及第十四航空編隊、第二十航空轟炸總隊等單位報告，每日廣播四次；另外，再給美國艦隊每天加送一張預報氣象圖，一張分區圖，以及一份中國沿海海外五百里氣象預測。如有特別重要的情報，則利用昆明的專臺，以機密電報的形式，與該所派駐第十四航空編隊的聯絡官聯絡或直接與華府通報。

根據軍情局公開的中美所解密檔案，中美所自1943年成立後，平均每日截獲日軍電報高達四百五十份以上，以1944年9月至第二年8月為例，一年間總共截獲密電十一萬餘件。

雷伊泰海戰是位於菲律賓的一場重要海戰，日本的艦隊本想誘敵深入，讓美國的艦隊上當，可是中美合作所提前截獲了這條訊息，並把這個訊息提前告知美軍，美軍將計就計讓日本人吃了大虧。

中美所更率先提供美海軍有關日軍特種部隊挺進雷伊泰地區的情報，協助美軍獲取太平洋戰爭最大規模的「雷伊泰大捷」。

雙方的合作無間成果豐碩，梅樂斯的記錄是：「一年截獲11萬密電，力助雷伊泰海戰大捷。」

根據日後解密檔案，中美所美軍在華服務人員組成包括海軍官佐、技術人員及陸戰隊士兵等，共計二千二百八十六人，其中多數是年輕士兵。因日軍偷襲珍珠港，國難當頭，報國心切，有些人從軍時甚至未滿十八歲，最後透過虛報年齡使這些年輕士兵順利入

伍。多數是志願參加機密任務，在不知目的地與任務性質的情況下前往中國戰場，開啟為期兩年多的中美所情報特種任務。為維持任務機密，期間受命不得對外通訊聯繫，殉職也暫不發喪，部分官兵家人直至戰後才知悉在華經歷。

根據解密檔案，中美所前後共計殲滅日軍二萬四千多人，擊沉日軍艦艇近兩百艘，炸毀橋樑兩百多座，如浙東交通要道錢塘江大橋等，並且救援遇襲盟軍飛行員數十人。

中美所成立近三年，曾開辦特警等訓練班隊廿二個，提供先進美軍裝備技術。以游擊訓練為例，初期受訓人員以被保送的各部隊優秀人員為主，後期則以整營、整連入班受訓；訓練地點以忠義救國軍及鐵道破壞隊的駐地附近為主，前後共計訓練中方作戰部隊近五萬人，工作單位北自戈壁沙漠邊緣氣象站，南至越南邊界。完成了協助美軍從海上擊潰日軍，配合戰局從陸上牽制日軍等的任務。

海峽風雲

除了氣象與偵測，梅樂斯還被美方海軍總部要求協助美機轟炸臺灣。1944年10月，中美所已能協助配合預定由海空軍從臺灣海峽所發動的聯合攻擊：美空軍第二十航空編隊轟炸日本長崎、八幡琉球群島；海軍機動艦隊於第二年2月16日，發動一千二百架飛機轟炸日本本島。

從海上打擊日軍，最主要的是取得制空優勢和明了日軍船艦的動態。中美所可靠的氣象情報，預告該地區上空的雲層變化，而使美機能借雲層的掩護，潛入目的地上空，然後穿雲低飛，實施襲擊，陷敵於驚駭無措、損失特重的慘境。

制空方面，自美軍從南太平洋展開機動攻勢取得戰爭主動權以

來，日本的空軍，無論在素質上、性能上以及數量上都日趨劣勢。

日本都把反敗為勝的希望，寄託在西太平洋的決戰上。因為環列西太平洋中的島嶼都在其控制之下，可以憑藉陸上的航空兵力，彌補艦隊航空戰鬥力的不足。可是又懼怕未決戰之先，即遭美軍殲滅，因而採取掩蔽方案，在機場中普遍設置偽裝措施，經常移動飛機位置。

美海軍機動艦隊和十四航空隊不容易瞭解日機的真實實力和動態，希望由中美所長期提供有關日機種類、型式、裝備、戰力以及動態的情報。

明了日軍艦隊動態，當然最好能全部偵控日軍的無線電訊，或破譯密碼，或者經常派飛機臨空偵察。可是由於人力物力和時間、空間、氣候等因素的限制，無法全部做到。如果能利用中國東南沿海綿長的海岸線，從地面上監察海上的航線，就可以彌補上述缺陷。

因此，梅戴合作的「中美所」令所有在沿海地區設立的海上瞭望哨，監視從上海到新加坡的每一艘日軍船艦和每一架飛機的活動，該項工作成效很大。

1944年一年之間，供給美軍的重要情報，即達一千七百零八件，其中美軍交換中方九百九十四件。1945年1月至抗戰勝利，中美所供給美軍二千四百三十一件，美軍送中方七百六十四件；其中有一部分系日軍各軍事要地的兵力部署、軍事設施、軍事工業等戰略情報，也分送有關部門做戰略反擊的參考。

第十五章 絕密任務

飛襲烏坵

抗戰爆發後，日軍占領了莆田外海的小烏坵島。當抗戰進入反攻階段後，盟軍為防止日軍從東南沿海撤退，決定增兵臺灣海峽。由於不清楚臺海的氣候情況，盟軍一直不敢貿然出兵。

戴笠派人臥底一個月還沒有進展。梅樂斯有些耐不住了，他面見戴笠，懇求戴笠在這緊要關頭不惜一切代價奪取氣象情報。戴笠經過仔細的思考，把這一任務最後交給了東南訓練班副主任、兼第七特種技術訓練班副主任，莆田人林超。

1944年2月1日，除夕前的一天，林超派探員劉琿生率10名偵察員以回鄉過年為名，來到福建莆田。在摸清一名妓女與駐烏坵島的偽軍大隊長張秀寶是情人關係後，他們決定以此為突破口。

林超許諾給這名妓女重金，假裝邀其走私，由偵察員中的葉、陳二人出資金、船隻和商品，讓這名妓女負責販賣。

在走私過程中，兩名偵察員還認識了在島上為日軍挑水做飯的一名中國人。此人常留島上，行動受到日軍的嚴格控制，日軍只允許其妻子每週來島住一宿。於是，葉、陳二人多次給他妻子送禮，並從她的口中套出小烏坵島日軍的情況。

1944年3月上旬，東南辦事處抽調180名受訓學員，與美國海軍的6名官兵組成突擊隊，兵分兩路攻入小烏坵島。3月中旬的一個晚上，突擊隊的船沿海岸緩緩而行。至11點，海上大霧越來越濃。一路突擊隊員繞到島後，涉水而上，翻過圍牆，潛伏在日軍宿舍的屋頂。另一路則由葉、陳帶領，以走私運貨的名義靠近島上的

碼頭。

葉、陳是島上的老賣主，日軍哨兵認識他們，按慣例準備叫醒另外的士兵一起驗貨。哨兵剛一轉身，潛伏在船艙裡的突擊隊員一躍而上，將其扳倒。其他突擊隊員迅速衝進哨所，將兩名正在酣睡的日本兵幹掉。接著，他們立即向埋伏在屋頂的突擊隊員發信號。隊員們紛紛將手榴彈扔進日軍的5間宿舍。

突擊隊員非常順利地在塔中拿到了42本厚厚的氣象資料，並用麻袋裝好，帶回船上，迅速離開了小島。10分鐘後，只聽一聲巨響，突擊隊埋在油庫的定時炸彈爆炸。火光吸引了大烏坵島的偽軍。1小時後，日本海軍基地派出一架偵察機在島嶼上空盤旋。但因霧大，沒有發現海上船隊。

這次戰役規模雖小，但意義重大。盟軍在獲取臺灣海峽的重要氣象數據後，得以派兵增援臺灣海峽，堵住了日軍的退路，形成對東南亞日軍的包圍之勢，為抗日戰爭的最後勝利打下了基礎。

調整部署　再殺日寇

1945年春，日敵敗象顯露，戴笠為把握戰機，配合國軍反攻，策應美軍登陸作戰，特親臨前線，重新調整部署，先後成立淞滬區、溫臺區、鄞杭區三個指揮部。

淞滬區指揮部向敵後挺進，地方抗日自衛團隊武裝紛紛來取得聯繫，接受指揮；當地偽軍也先後接洽投降，待命反正。淞滬區指揮部聲勢大振，迅速發展為編制五個團和直屬四個營的兵力。

8月，勝利已成定局。戴笠與梅樂斯約會於昌化的河樹鎮，商討運用中美合作力量，穩定戰後東南局勢問題。此項行動，又被敵軍偵知，密派曾在山東暗殺學校受訓的諜報員四人，組成暗殺小

組，以具有日諜雙重身份的華人為組長，日籍二人韓籍一人為組員，潛赴河橋偷襲戴笠與梅樂斯營帳，後被當場擒獲。

9月，再派卅三旅團所屬部隊二千一百餘名，先由富陽北上，然後迂迴南下，奇襲河橋。但其陰謀被忠救軍第三縱隊發覺，急電河橋戒備。戴先生與馬總指揮親加部署，令第二縱隊派一加強團迎戰來犯敵軍，第四團為預備隊，第三縱隊監視敵軍，跟蹤夾擊。當晚十一時半，敵軍以奇襲姿態突擊河橋，恃其人多械精，多方衝突。第二縱隊營長羅相雲親率敢死隊，迎頭痛擊，拒守危橋，負傷成仁，將士死守不退，敵軍攻勢頓挫。第三縱隊適時趕到，夾擊，敵軍動搖。戴笠乘機下令第四團繞道敵軍北方，包抄側擊，激戰九小時，當朝陽朗照之時，敵軍不支潰退，死傷達四百餘人。

第十六章 豐碑

　　1944年10月之菲律賓雷伊泰灣之海空大戰，及次年一月對琉球及澎湖日軍基地之襲擊，皆賴中國情報而告捷。戰後海軍上將金恩說：「以所得物資，與實際工作對比，梅樂斯將軍所領導的海軍之成就，在全世界各戰場上，無出其右者。」一份美海軍部的官文也說：「在過去數年內，美國海軍所派遣之駐華機構，在中國與華軍合作，多方協助美國太平洋艦隊，攻擊敵海軍與所占領島嶼，最後直搗日本本土，貢獻極大。」

　　中美合作所的多項設施，為美國太平洋艦隊及在華空軍打開了勝利之門，也是當時盟軍的唯一氣象及軍事情報來源，它的豐碑數之不盡。

偵譯佈雷

　　中美所不但正面作戰貢獻極大，在專業偵訊方面，也成果豐碩。

　　對日海軍電訊的偵測，主要為日本的佐世保到高雄、上海兩線；上海到高雄、香港、三亞、漢口、青島、東海艦隊六線；香港到廈門、三亞、南海艦隊三線路；漢口到青島一線，以上共十二線路。

　　對日陸軍電訊的偵測，主要路線為東京到南京、漢口、廣州、臺北四線；日本的福岡到南京、廣州二線；廣州到西貢一線，以上共七條線路。

　　每日偵截電報，平均在四百五十份以上；軍統局設在臺北、南

京、上海、廣州、漢口等地的秘密電臺，也將所偵收的日臺通信內容，毫無保留地供給該所。

自1944年9月至次年8月，一共截獲密電十一萬零五百三十七件，破譯密碼多種。其中光是供給美潛艇的情報，1944年即達一百五十次，間接造成日軍船艦二十五艘，約十萬噸被毀。美十四航空隊發表的公報，也特別標明在是年3月至11月中旬九個半月中所擊沉與擊毀的三十三萬噸敵艦中，至少有十分之一系根據「中美所」所提供的偵譯情報。

電磁水雷也是勝利果實之一。佈雷於敵港，在中國和東南亞各國沿海岸航道或港灣佈雷，不但可以炸毀日軍的船艦，殺傷其人員，而且可以迫使其改航道於深水，便於潛艇的攻擊。梅樂斯來華時，曾經將一種「電磁水雷」送交中國仿製。

1943年初，美軍人員就已到昆明，授受佈雷任務，於是開始與駐在昆明的第十四航空編隊合作佈雷。

陳納德和梅樂斯一樣，對中國比較熟悉，他們都瞭解中國人，也都知道戴笠的實力。相信他的清白正直和合作誠意尤其難得。因此，中美所欲在海灣佈雷，最好能和第十四航空編隊密切合作。

合作的開始，中美所的柯克中尉和伊門斯少尉被首先調去陳納德將軍的總部，分析飛行員偵察飛行的照片，由軍統局協助其肅清昆明機場附近的間諜，設置專用電臺。

後來不斷地增加人員和業務，成立了「十四海軍單位」，1944年5月，當歐登赫爾負責該單位時，已經包含了電訊情報業務。電訊情報與中美所及海軍單位的聯繫尤為密切。海軍在抗戰期間，犧牲慘烈，戰績輝煌。以佈雷及要塞戰擊沉日軍艦船之功績最為顯著。游擊佈雷作戰是海軍佈雷作戰的常態，隨抗戰爆發即行展開，是抗戰期間中美海軍最英勇的作戰方式之一。在抗戰初期江陰

戰役以前,雖有海軍佈雷隊之編組,但當時佈雷作戰僅是一種消極的防禦性質,直至海軍抗戰進入第二階段,漸漸成為海軍在抗戰中成長的一股新生力量,由防衛性改為攻擊性,變被動為主動。

中美共同佈雷隊可以化整為零,以平民身份進入敵後進行工作,在海軍抗戰第三階段,中美全軍的佈雷隊可以說無一處不在活躍著,他們不避艱險進行著工作,把所有日軍水道製造成為具有攻擊性的封鎖線,使日軍寸步難行。

著名的有海防榆林佈雷戰。日軍自占領越南以後,借海防港口,運輸搜刮物資,船舶進出量極大。而入港水道只有一條,極適宜以佈雷手段予以封鎖破壞。於是1943年的第一次佈雷以海防港為目標。

兩位水雷專家杜保義上尉和麥康少校,先到印度的阿薩姆選擇可用的水雷,經空運到昆明。適逢中美所的海岸瞭望情報人員報告,有九艘船隻開赴海防。由十四航空編隊派出轟炸機,由機上專家們將水雷投入海防港的水道;另一隊飛機,則猛炸海防港附近的空軍基地,以分散日軍的注意。

當飛機臨空投彈時,日軍尚不知作戰方目的為佈雷。港內的船舶大為恐慌,紛紛起航避閃。一艘三千噸貨輪,匆忙開出港外,恰撞及剛布下的水雷,立即爆炸,沉沒。沉船地點在港口最狹窄的瓶頸地帶,同時造成了其海港短期內無法使用。

原計劃駛往海防的船隊,中途得知海防被炸,無法進港,被迫暫停海南島海峽中的一個毫無防衛的小港附近。雖然關閉了無線電訊,但還是被中美所的電訊偵譯單位發現並判明船位。第十四航空隊立即出動飛機,緊跟猛炸,炸沉六艘,炸傷兩艘。

1944年美軍已在榆林港灣建立海軍基地,所以有一水道是美軍潛艦進出的道路,艦隊司令部很擔心佈雷的地點發生錯誤,所以

飛機出發時,特別注意投擲地點和方向。可是,當飛機飛臨榆林港灣的時候,剛巧遇上意外的暴風雨,其中一架飛機的機身居然結了冰,情勢非常危急。飛行員臨時決定在一千二百尺的空中,將四枚水雷投入兩百尺的深水中。雖然日艦進出受到影響,但也同時妨礙了美潛水艇的活動,中美敵後諜報員又冒著危險改動了位置,完成了阻敵的任務。

8月,高雄佈雷。梅樂斯親自率領一隊飛機前往。先以五架轟炸機猛炸港內岸勤設施,吸引日軍炮火。梅樂斯的兩架飛機,即趁機低飛,在五百尺的高空,投下五枚水雷。

中美所與第十四航空編隊合作佈雷,僅在8月份一個月時間內,即已佈設八十八枚之多。梅樂斯接到美國艦隊的通知,佈雷限期到年底為止,於是更加緊實施。次年5月,美艦隊已準備進攻菲律賓,如再繼續佈雷,則會增加對美艦的潛在危險,反而大於對日艦的影響,於是決定停止佈雷。

總計自1943年第一次佈雷開始到1945年5月停止佈雷為止,大約佈設了一千枚水雷。經過證實,水雷炸沉了日軍的船艦二十四艘。同時也使其航行路線和港灣進出受到困擾,給予美海軍用其他方式進行打擊更多機會。

跳島作戰

要在最短的時間打敗日本,梅樂斯的上司海軍總司令金恩上將認為應該攻擊臺灣和中國廈門。

臺灣的戰略地位,很早就被把日本視為主要假想敵的美國海軍所知,也因此當戰爭爆發之後,美國海軍艦隊總司令金恩上將就極力主張攻占臺灣與廈門,然後再經由海運的方式向國民政府進行大

量的輸血，取道中國大陸反攻日本本土的計劃，也正是在這樣的背景之下，他派遣了梅樂斯到中國戰場上，與戴笠組織了中美合作所，蒐集中國沿海與臺灣周邊的相關情報。

金上將堅持攻擊臺灣或者中國沿海的廈門。金的道理很明顯，菲律賓有七千個島，臺灣卻只有一個，從切斷日本石油、橡膠、錫和糧食運輸動脈的效果講，兩者一個樣，而進攻臺灣似乎損失較小。

臺灣距菲律賓二百海里，距沖繩三百三十海里，距上海三百三十海里，距九州島六百海里，距釜山七百海里。從臺灣機場出動，菲律賓、日本、朝鮮南部、中國東南沿海直到武漢、桂林，都處在B—24型轟炸機的攻擊圈中。

其次，臺灣有足夠的縱深，它的面積、人口、物產和地形都足以供應龐大的陸海空軍部隊，而無缺乏之患。對東亞地區來說，再也沒有哪個海島比臺灣更重要了。日清戰爭以後，日本政府寧肯吐出遼東半島，也絕不放棄臺灣。它是從千島群島直至南洋群島的整條西太平洋島鏈上的拱心石。

因此世界列強都想占有臺灣，誰掌握臺灣，誰就能控制亞洲大陸的整個東海岸，日本人有鑒於此曾說：「我們永遠永遠不能允許這個島嶼被任何一個可能在未來與我們敵對的大國所控制。」

但是美國人也誇下海口：「在戰後的亞洲，我們必須從這裡的基地保持前進姿態。」這些話，尼米茲和斯普魯恩斯都時有所聞。他們同樣理解臺灣在軍事政治戰略和海洋戰略上的重要性，但他們是現實主義的將軍，他們瞭解美軍和日軍的實力和能力，他們知道：「拿下臺灣，談何容易！」非常可惜的是，這項計劃並沒有成功，當中最主要的原因，就是美國的參謀首長聯席會，選擇了麥克阿瑟經由菲律賓，由南太平洋跳島反攻的路線，而拋棄了尼米茲由中太平洋進攻臺灣，轉而在大陸福建沿海地區開闢出海口，大規模

補給國民政府的軍隊,再借由臺灣北部,乃至於華南與華東的機場,對日本本土施以轟炸乃至於反攻的戰略計劃。

除了美國海軍之外,美國陸軍航空隊司令亨利·阿諾德也支持跳過菲律賓,攻占臺灣本島或至少北部地區的計劃,主要的目的就是在臺灣北部或者華南地區建立B-29超級空中堡壘的飛行基地,並以此為根據地對日本進行戰略轟炸,這計劃,勢必對於想透過反攻菲律賓來雪恥的麥克阿瑟而言,是難以接受的提案。

所以,到底該攻打臺灣還是攻打菲律賓,很快就成為了麥克阿瑟與尼米茲兩人爭執不休的焦點,甚至還多次爭吵到了美國總統羅斯福的面前,當然梅樂斯感嘆道:「最後我們都知道,麥克阿瑟的計劃獲得了美國總統羅斯福的支持,也因此才會有一九四四年十月份在雷伊泰灣的史上最大海戰。」

然而究竟是什麼樣的原因,讓曾經堅定支持中國的羅斯福總統,全面倒向了麥克阿瑟的計劃呢?

麥克阿瑟的支持者認為,進攻臺灣將造成美軍的補給線過長,而不如麥克阿瑟的菲律賓反攻作戰一般的,容易經由後方取得物資,此外倘若美國僅攻占臺灣北部與廈門地區,將很有可能遭到來自於中國大陸、臺灣南部乃至於菲律賓的日軍聯合包抄,盟軍勢必將陷入不利的境界,而更為重要的是,國民政府在1944年5月份開始的「一號作戰」中的表現,讓羅斯福對蔣介石政府徹底失望了。

當尼米茲於1944年7月份取得了塞班島之後,馬里亞納群島也就取代了成都,成為B-29空襲日本本土的主要根據地,這也使得經由臺灣北部轟炸日本本土的戰略計劃成為了一團廢紙,直到最後在考慮到自己沒有足夠的兵力執行登陸廈門與南臺灣的作戰計劃之後,尼米茲與金上將也就無法再堅持下去了,將其重心轉到了硫磺島與沖繩島上面。

日本人已經苦心經營了整整半個世紀。島上有幾十處良港，七十餘個機場，囤積了大量的軍火和其他物資，即使和平時期，日本也在臺灣駐紮了十幾萬精兵。任何一個看到過塞班戰場的軍人，都會對兩棲登陸的險惡留下終生難忘的印象。攻克一個小小的沖繩，就付出了7萬人，毫無疑問，如果美軍登陸臺灣，臺灣戰役將會血流成河，代價高得難以忍受。

　　另外還有一個最大的關鍵原因，是戴笠為了挽救臺灣免於戰火，建議美軍改登陸菲律賓，戴笠告訴美方，今美軍若在臺登陸，依據美軍過去登陸的作戰方式，必定先將臺灣夷為平地，再用大砲射擊，待所有危險清除後，才敢登陸。

　　戴笠深深瞭解，美國是個物產豐富、工業發達的國家，為了減少士兵傷亡不怕大砲和飛機的損耗，而一旦和日軍正面衝突，日本士兵可以以一當十，美軍的犧牲一定非常慘重，戴笠這樣分析。

　　戴笠的建議是採納了臺灣一位愛鄉愛土的臺灣姑娘藍敏的建議。

　　1942年4月19日，藍敏離開上海，雖然名義上是要前往重慶，但實際上則是一段「兩岸女密使」的蘇浙閩贛皖五省「死亡之旅」。她一路徒步，翻山越嶺，該年10月才到達江西臨時省府所在地泰和，與戴笠方面及重慶方面取得聯絡，便在泰和等戴笠將近一年時間。

　　1943年6月12日，藍敏與戴笠見了面指出：

　　「既然現在中美已經成立聯合司令部，戴先生又為中美合作所的主任，是否可代向美軍建議，放棄登陸臺灣的計劃。因為強行登臺，也許比在太平洋上各島的戰爭犧牲來講慘重，而且若美軍的目的只是要利用一個到日本本土的跳板，不如改在琉球，因當地配備少，物資不豐，於戰爭有利。」

後來也成為特工人員的藍敏回憶說：「戴先生對我的意見表示同意，並願向美方反映。」後來戴笠要求藍敏利用其兄藍家精專機不受日方檢查之便，帶一發報機回臺。藍敏於是依約回上海時找一位李先生拿發報機並帶回臺灣，最後藍敏一家都在戴笠的感召之下加入了抗日地下特工的行列。

呂宋戰役的損失一定會比臺灣小。因為太平洋登陸戰的主要損失是沒有任何敵人的內部情報，僅僅判讀航空照片。因此，塔拉瓦和塞班的損失沉重。呂宋同任何其他島嶼不同。美國在那裡待了半個世紀，非常熟悉。而且，島上有幾十上百支同情美軍的菲律賓抗日遊擊隊，他們對各種敵情了如掌指。而臺灣則不同，自從1894年以後，日本人就一直盤踞在那兒，部分島民似乎已經被同化，對敵人的部署和要塞兩眼摸黑。兩相權衡，呂宋的優越性很明顯。

埋葬日艦！

1944年秋，美軍以越島戰術進攻菲律賓，決定先攻占菲島東方的帛琉群島，當時估計日軍在菲島及臺灣一帶的飛機約有四百架，為進攻時取得壓倒性優勢減少損害，事先就敵情進行了多方面考證。

中美所和軍統局在菲島海空力量方面均獲得確切情報。並由梅樂斯副主任急電華府及太平洋艦隊改變戰術，於是美第三艦隊一面增強艦隊實力，一面針對日軍的新戰法做制敵機為先的部署。

8月31日起，美軍開始對硫磺島、父島、母島等地空襲，9月7、8兩日空襲耶浦、伯勞。當時日軍還以為美軍將在新幾內亞以西的哈汝馬希拉或者帛琉以北的伯勞登路。日軍新戰術系避免初期海空決戰，同時也因為尚未發現美軍的機動艦隊和運輸船隊，所以密布在明達羅島一帶的航空兵力，並未出動。相反，美軍卻根據中

美所的情報,於9月9日先發制人,以艦載戰機奇襲明達羅島的達弗、沙蘭伽裡等地區的敵航空基地,出動戰機四百架次,將日機擊毀於地面。等到日軍探悉機動艦隊已出現在達佛東南一百六十里時,已無還擊能力。

12日,美機兩百架再次奇襲塞班基地,毀日機七十架,擊沉日艦十一艘。13日起,連續空襲明達羅島和婆羅洲東北的達維達維島上的各機場,以及呂宋島、臺灣南部各機場,出動一千餘架次,將日軍數月來準備的「精銳」戰機摧毀大半,而其避免初期決戰,日軍專攻登陸船團的新戰法,也無從實施。

美海軍因為得到中美合作所的協助,其氣象測候和其他工作人員,均攜有無線電機,將情報傳遞中美合作總部研究分析後,直接電達太平洋艦隊總司令部和散佈海上的美空軍、海軍艦隊,以及艦艇收音臺。美軍在西太平洋作戰時,全靠該所提供的氣象報告。在美航空母艦準備空襲日本本土和臺灣時,氣象情報發揮了更大的作用。

中美所和第十四航空編隊的密切聯絡,對美海軍的貢獻,如沙漠中的甘泉。1944年秋,敵軍進攻桂林,十四航空編隊因為地形的關係,對敵軍的行動難予偵察。中美所的麥加飛上尉空降華軍陣地前線,在距離數百碼地點,設立對空無線電聯絡,受傷不退,支持了十九日之久。十四航空編隊得以痛炸敵軍,獲得輝煌戰果。麥加飛上尉因此獲得美陸軍銅星勳章。

中美所和十四航空編隊在合作佈雷方面也很有成就,中美所的人員,派遣空中攝影判讀組,判讀空中照相,供給情報,並派遣佈雷專家,協同十四航空編隊的人員,在中國沿海航線、敵軍占領的港灣和長江內河佈置水雷。因此,敵軍的航運常遭嚴重打擊,運輸被迫停頓,掃雷工作持續數週後,才能恢復交通。中美所的沿海偵察和佈雷隊最大的功績,是強迫敵軍航運遠離海岸,在深水行駛,

這給美潛艇創造了的更多機會。

自從太平洋戰爭爆發，按照當時美國總統羅斯福的「先歐後亞」政策，美軍的首要目標是以擊敗希特勒為主，因此不打算在遠東或太平洋地區投入大規模的地面部隊。因此牽制日本陸軍的重責大任，自然也就落到了重慶國民政府的肩上。

在1941年12月到1942年1月份的第三次長沙會戰，更是提高了盟國對蔣介石政府抗擊日本的信心，也提高了國府在盟國中的地位。

偽鈔

在經濟戰方面，兩軍打得昏天地暗，這場無煙硝的戰爭，最終中美聯軍打敗了不可一世的日軍。日軍全面侵華後，「以戰養戰」，採取了偽造中國法幣的手段，大量發行於國民政府統治區，掠奪戰略物資，破壞法幣的流通和信用。

日本除在國內設立專門的假幣製造機構外，在淪陷區上海也設立了發行和印刷假幣的機關「杉機關」。日偽使用假幣較常用的手法，是用面值百元的假鈔賣給不法商人60元法幣，讓他們到國統區搶購物資。

1940年9月，日本大藏省印製局公然偽造中國銀行1940年版紙幣，給中國的金融體系造成很大的混亂。中國銀行急謀對策，將庫存的五十元、一百元紙幣加蓋「重慶」地名發行，以示區別。

在發現日本大批量偽造中國法幣的情況之後，重慶國民政府決定，以假制假，並由軍統具體執行。很快在戴笠的直接領導之下，軍統方面成立了經濟研究室，主要就是研究偽造汪偽政權中央儲備銀行發行的貨幣「偽中儲券」以此來反擊日本方面的假鈔戰。

面對日偽大肆偽造、使用假幣，國府展開了一場特殊的貨幣「暗戰」，在貨幣戰爭中，和日偽進行了針鋒相對的較量。

這批由國統區偽造的偽中儲券，屬於偽幣中的偽幣，被中方稱為特券。在戴笠直接指揮下，特券闖過前線犬牙交錯的封鎖線，由軍統敵後秘密交通線運輸到日占區。

1942年1月，戴笠向蔣委員長建議：「我們也應該主動出擊，仿造敵人在淪陷區使用的流通貨幣，去淪陷區購買物資，以牙還牙。」蔣介石徵詢了英美方面的態度後，採納了戴笠的意見。經宋子文的接洽，美國一家專門印製鈔票的印刷廠，在對敵偽鈔票進行鑒定後，開始仿製。1943年春，重慶中國銀行收到美國印製的第一批偽政權鈔票，共計46包。蔣介石下令將其暫時存放在中國銀行，沒有他的同意，任何人不得撥付使用。這些假偽鈔，在蔣介石等人的口中，都被稱為「特券」。

特券有5元面值的，也有10元面值的，總數在幾千萬元。同時，「以毒攻毒」，中美聯手仿製日偽的「中儲券」，擾亂敵後金融。除此之外，軍統局為求時效，也在重慶建立了製造日本假幣的造幣廠，自印假鈔運往淪陷區使用。

當時有這樣一段文字記載：「戴笠在重慶繰絲廠大量印製假鈔，源源不斷地運到洛陽，交由第一戰區調查統計室主任張嚴佛保管和運用。此後，深入敵占區搶購物資的資本，邊區各站組的特務經費，賄賂漢奸、將領的開支等，都在源源不斷運到的假鈔中開銷。」直至抗戰勝利。

南京繁華的新街口，歷來是金融機構密集區域，這座典雅、莊重的古羅馬式建築，曾是汪偽中央儲備銀行的所在地。汪偽在1941年發行貨幣偽中儲券，日軍用刺刀和槍口，迫使淪陷區的人民接受中儲券。軍統成立的經濟作戰室，就是在這樣的背景下，展開了對汪偽中儲券製造技術細節的研究。研究一度得到美國方面的

支持。

這個時候由於太平洋戰爭的爆發，中美雙方實質性的戰略同盟關係業已形成。中國方面決定，利用美方的印鈔力量來偽造中儲券。這段時期和美方關係比較友好的宋子文，還有中國銀行總裁貝祖貽等人，都被派到了美國來溝通這個事情。

偽造敵方貨幣得到美方最高當局，也就是美國總統羅斯福的批准。

美方派出貨幣專家來到重慶。

重慶有一處隱秘的遺址岩洞——廷岩寺洞，中美特種技術合作所就在這裡，中美兩國開始了關於製造偽鈔的合作，這成為中美兩國技術合作的先聲，秘密製造完成後的偽中儲券，就被存放在這個山洞裡。

戴笠經常派人攜帶大量的偽鈔到界首去，以富商的身份，到敵占區採購大量的物資。

據事後統計，不論在華中或是華北淪陷區，每一千元中有一元是特券。

但這一情況很快引起了日方情報機關的注意，大批偽鈔隨後遭到日軍查獲。與此同時，山本憲藏命令登戶研究所，加快了中儲券版式的更新速度。增加鈔票中的防偽技術細節，提高偽造難度。

並肩作戰

1939年之後，中國的衛國戰爭開始了最艱苦的相持階段，國民革命軍為堅持抗戰組織了一次又一次的大型會戰，逼迫侵略者陷入著名的「中國泥淖」之中……

戰後，岡村寧次對軍部報告《關於迅速解決日華事變作戰方面的意見》中承認：「敵軍抗日勢力之中樞既不在於中國四億民眾，亦不在於政府要人之意志，更不在於包括若干地方雜牌軍在內之二百萬抗日敵軍，而只在於以蔣介石為中心，以黃埔軍官學校系統的青年軍官為主體的中央直系軍隊的抗日意志。只要該軍存在，迅速和平解決有如緣木求魚。」

　　此時，不論是在中國孤獨地堅持著反法西斯戰爭的艱苦歲月裡；還是在珍珠港事變發生，中國的衛國戰爭和全世界的反法西斯戰爭連成一體，盟軍在歐、亞戰場節節敗退的早期失利局面中，中國的國民革命軍———包含共產黨的八路軍和新四軍，都在一如既往地用自己的血和肉與侵略者拚殺，誓死保家衛國。

　　1940年以後的英國《每日電訊》報，在報導長沙大捷的時候，感傷而激動地寫道：「在中國長沙的天空，華軍勝利的煙雲光彩奪目……」中美合作所的成就，因為保密的關係，戰時絲毫沒有透露。

　　誠然，公道自在人心，戴笠與梅樂斯都可以揚眉吐氣，回想中美所人員，同食同處，共作共息，並肩作戰，甘苦與共；他們深知其所負職責的重要，他們所供應的情報，是拿性命換來的，被譽為是美國太平洋艦隊和在中國沿海的美潛艇，攻擊敵海軍的唯一情報來源，這個肯定與讚賞得之不易。

　　從地圖上看，北至戈壁沙漠，南至越南邊界，中美所在各地設立氣象、交通、情報等組織；大部活動，以南北戰場敵軍後方和中國沿海地區為重心。中美所的美籍官兵，他們習慣地化裝成華人，在華人嚮導和暗中護衛之下，隨時隨地往返敵軍陣地。

　　這些敵後英雄，中美所的氣象測候和其他工作人員，均攜有無線電機，將情報傳達到中美合作總部，予以研究分析後，直接電達太平洋艦隊總司令部和散佈海上的美空軍、船隊以及潛艇收音臺。

美軍在太平洋作戰時，全靠該項氣象報告和軍事情報。

神鬼游擊

　　中日戰爭的初期，中國的游擊隊因為缺乏器械，作戰時的死亡率，常三倍於日軍。中美合作以來，日軍的傷亡逐漸增加；1944年以後，中美所平均每月斃傷日軍約兩千人，平均斃敵三人，華方僅損失一人。

　　中美所用以殲敵的戰術，大多為埋伏、突擊、截殺和偷襲。常乘敵軍在鄉野地區行動之時，隨機應變，予以殲滅。敵軍因困守碉堡，常至糧秣斷絕，被迫以大軍出擊，而被游擊隊伏擊和兜截圍剿，常受巨大損失。

　　此外，美海軍還派遣優良的軍醫人員攜帶藥品來華，除供應中美合作人員的醫藥需要外，還設立門診，協助醫治平民。

　　此項工作，在中國極為缺乏醫藥的時期，最有意義，在敵軍占領區的最前線，中美所也秘密設立小規模的醫藥單位，隨時醫治受傷的工作人員，因此死傷極少。同時因為講究嚴密的防疫衛生，縱然是在傳染病區內工作，而感染的也極少。兵員的健康百分比，遠在其他作戰部隊之上。就連中美所單位附近的居民，也獲益不少。

　　中美所的人員，還針對美海軍與陸地空軍的駕駛和轟炸人員進行救護。截至7月1日，中美所人員救起被敵擊落或被迫降落的中美飛行人員三十人，轟炸和航行員四十六人，隨軍記者貝爾一人。當貝爾被救後，其驚喜狀態誠難形容。而其親身經歷在海天異域、絕處逢生的戰場奇遇，當然使其對中美所的真實成就，有了新的認識，「然而匆匆一瞥，又何能盡其萬一！」

　　中美所轄下的別動軍在抗戰期間對於空軍人員的救助令人印象

深刻，飛虎老人回憶道：別動軍身穿黑色百姓服裝，手持美制武器湯姆生或卡賓槍行動快速，出入敵後方淪陷區，救助飛行員，破壞、收集情報。

別動軍中還有美軍人員配合行動，與一般游擊隊不同之處在於，此單位是由戴笠軍統局和美國海軍情報單位合作，是抗戰史話中，少為記載的一群無名英雄。

國軍在游擊戰中投入的部隊是哪些呢？

第一種是地方政府的武裝，戰前的縣壯訓團、國民兵團、戰時擴編的自衛隊，這些在家鄉發展起來的部隊就是游擊戰的根。

第二種是戰區或省編組的游擊隊，如第四戰區，以行政區為劃分依據，編組游擊區，如第三戰區，在福建以省保安部隊編組游擊隊，在錢塘江以招募部隊編組游擊縱隊，這些部隊規模大，往往領有多個縣作地盤，內容與使用方式千奇百怪。

第三種是軍統武裝，早期康澤的別動隊組織敵後游擊部隊。事實上別動隊的特性也特別適於游擊隊的建立，但是主角漸漸轉為軍統，軍統包括忠救軍、別動軍、破壞隊、行動組乃至敵後一部電臺，從事游擊戰。

中美所帶動的別動軍與忠義救國軍，因長年在敵後活動，部隊是無法得到正式補給的。但是，這兩支部隊能在敵後生存發展，主要原因就是軍民合作，軍隊有驚天動地的戰果表現給淪陷區老百姓看，淪陷區老百姓也就同仇敵愾，自動協助軍隊打擊敵偽。

反擊長衡

1944年5月27日，日軍發動湘桂作戰，進攻長沙、衡陽。實施其從中國內陸「打通大陸路線」的策略。此次進擊，日軍鑒於過去

幾次進攻長沙的失敗，採取攻擊正面較為廣闊，除以十一軍主力的一部分自湘江東方地區沿鐵路線進攻外，另一部分則從洞庭湖水路進攻，向湘潭進攻，對長沙採取包圍態勢，浙東的十三軍也自金華向浙贛邊境做牽制性的攻擊。

日軍來勢兇猛，戴笠下令別動軍第二縱隊指揮楊遇春和第四縱隊指揮何際元，配合第六、第九兩戰區，在長沙、湘潭、醴陵、攸縣、湘鄉一帶協同友軍，奮勇殺敵。命令中美合作所新成立的屬於湘鄂贛邊區的長江突擊隊，在洞庭湖和湘江水道佈雷，打擊敵人。

在此之先，水雷專家錢普上尉自印度學習磁性水雷返國以後，指導中美所工作人員佈雷，曾經設計了一項巧妙的方法，先把日軍的水雷清除出來，然後再運載一段相當遙遠的距離，佈設在適當的地方，用日軍的武器打擊日軍，此種舉動，雖然相當冒險，可是收效很大。

錢普上尉在戴笠的許可下，在長沙成立臨時性的突擊訓練班，並由勞合上尉主持，包括四位美軍助手，一百名游擊隊員。游擊隊員常常穿過日軍防線，在距離日軍營地不到三十里的地方佈設水雷，正當他們準備混跡民船之內，進一步突擊日軍水上運輸之時，中美所於5月8日得到了日軍即將再度進犯長沙的情報，於是錢普上尉向城防司令建議在長沙城區地面大量鋪設地雷，在洞庭湖和湘江加敷水雷。

日軍一面在岳州集中部隊，一面做攻擊前的先制轟炸，長江突擊隊的工作人員，在國軍第四軍所屬的兵工團協助之下，冒空襲的危險，在通往長沙的公路上，安放自製爆炸物。在長沙城外一條重要通道和若干堤壩佈設地雷。

湘江方面，在中國海軍人員佈放的雷區之間，再佈設一個可以控制的水雷區。這一控制好的走廊水道，在國軍最後一批船艇撤退後，即予封鎖。除了水雷以外，他們使用了所有儲備的物資，其中

包括五千磅炸藥，兩千碼爆破用的纜線，五千尺電線，另外還有三百枚手榴彈。

日軍的攻勢相當凌厲，6月18日，長沙淪陷，在日軍進撲長沙城郊之時，中美所佈設的地雷適時引發爆炸，造成日軍約五千人的死傷。另外從洞庭湖和湘江水道進攻的日船和運輸輪船，也受到很大損失。

突擊敵後

日軍進占長沙後，隨即於6月28日向衡陽進攻，但攻勢一再頓挫，前後三次增兵，延至8月8日，前後四十日之久，國軍開始放棄衡陽，此次作戰，曾使位於東京的日軍大本營為之焦慮，益感中國士氣的旺盛和鬥志的不可輕侮，其間守城部隊奮勇抵抗，別動軍的第二縱隊和第四縱隊配合國軍的游擊戰，襲擾和牽制日軍。

第二縱隊則在指揮官楊遇春指揮之下，於6月20日攻占放棄的株洲，切斷日軍鐵路交通，用以爭取時間，堅固衡陽的防禦。他們在長衡會戰的三個月內，曾經作戰一百五十三次，斃傷日軍一千九百四十七人。該縱隊在奉命後即選挑三百人的敢死隊，偷襲收復株洲，擄獲大批日軍供應物資。

第四縱隊在指揮官何際元指揮之下，協助國軍作戰，長沙淪陷後奉令穿越到日軍後方襲擊日軍補給線。該部有將近半數曾在中美第二班受訓，裝備和戰力很好，並有美員泰德·蓋綏十一人隨行，他們冒險突擊日軍後路，雖然縱隊司令部三度被日軍意外圍困，但都能化險為夷，擊退日軍，在整個長衡戰役的三個月中，作戰三十四次，擊斃日軍九百六十七人，傷一百九十五人。縱隊的游擊戰法予日軍極大困擾。他們利用美式裝備的優勢火力，常常編組成十人突擊小隊，配備湯姆生槍和卡賓槍各四支，手槍兩支，出入敵後，

掩蔽確實，不等日軍進入輕武器的有效射程決不開火。

第二和第四縱隊經常實施地面突擊，加上中美空軍的不斷轟炸，使長沙到漢口的鐵路交通，幾瀕斷絕。

日軍自攻占衡陽後，繼續對廣西的桂林和柳州發動攻勢，以貫徹他們打通大陸路線的策略。當時國軍自衡陽撤守後，防守桂、柳的只有八個軍，其中僅有三個軍系生力軍，其餘均由湘粵贛各戰場轉戰而來，實力不足十二萬人，而日軍則有十五萬人，分東西北三路同時向桂林進攻。其戰爭目的不僅占領城市，更為徹底消滅國軍在該區的主力，減除側背威脅，進而直指貴陽與昆明。

重慶中央洞悉其計謀，一面從內地飛調湯恩伯兵團南下增援，一面接洽由緬甸遠征軍中抽調的新編第六軍回援廣西，在援軍未到達之前，必須設法遲滯日軍的行動爭取時間，中美所指揮的別動軍和各地情報組織，都肩負有此項協助國軍的任務。

桂林是軍事重鎮，不但存儲很多軍需物品，還是十四航空編隊的主要航空基地，為了儘可能地遲滯敵人，陳納德將軍對日軍發動了全面的空中攻擊。為了加強陸空的聯繫，從戰場上發現和確定轟炸目標，中美所派遣了一組空戰情報官，由麥卡飛上尉率領，協助十四航空編隊以無線電來導引飛機對目標做準確的轟炸。9月初，當日軍向零陵全縣進攻時，麥卡飛曾在一天之內，連續七小時指揮八批空中攻擊，三十二架飛機輪番攻擊日軍，擊斃日軍一千餘名，戰馬六百匹，加農炮若干門。

地面上的別動軍第四縱隊也乘勢出擊，攻占日軍一個據點，斃敵三百餘人，把一個約三千八百人的日軍旅團打得潰不成軍。可是自9月下旬連遭暴雨，飛機無法出動，日軍反而利用湘江水的陡漲，從水路上增強了運量。

至10月10日，日軍終於攻占桂林，11日攻占柳州。

第十七章 再創佳績

牽制挽救危局，日軍攻陷桂、柳後，於10月22日攻占南寧，當時在南寧的中美所第五班率同中美雙方人員和別動軍的第三縱隊徐光英的指揮部及受訓的部隊，由南寧移往百色。第三縱隊的主力，被配置於南寧附近和廣西東南部的敵後地區，從事牽制作戰。

並肩殺敵

南寧的日軍，不給國軍喘息的機會，隨即乘虛分兩路進攻百色，一路沿公路由武鳴向田東，一路經賓陽向上林和隆山。國軍部署未定，武鳴、田東、隆山相繼失守，百色兵力單薄，危殆萬分。游擊隊於南寧和賓陽附近的第三縱隊第二支隊長季春初，連夜集中兵力突襲日軍後路。季春初奉命後，乃在上林的圩墟山區，派出兩個大隊兵力，乘黑夜以迅雷之勢分途突襲上林和賓陽兩縣，破壞橋樑截斷日軍後路。日軍意外損失很大，驚慌失措，頓時駭遁。次日，攻陷田東和隆山的日軍，也撤返南寧。百色轉危為安。

第三縱隊挽救了百色的危難，仍繼續不斷地襲擾日軍，第一支隊經常從桂東南地區向玉林和梧州各交通要道，以及丹竹機場，乘夜襲擊，破壞橋樑和機場跑道，焚燒油庫。第二支隊則負責襲擾南寧通往桂北的主要公路和鐵路交通，經常破壞道路橋樑，截毀日軍運輸補給物資，突擊日軍巡邏隊。第三支隊則截擊日軍在西江方面的水陸交通，大小戰役百餘次，予日軍相當損害，使其常驚擾，不敢活動。

增援與抗擊

　　南寧北方桂柳方面的日軍，繼續沿湘桂鐵路向西進犯，11月27日陷南丹，貴陽震動，當時戴笠和梅樂斯先後到達貴陽，原已奉調為中美所參謀長的陶一珊也由百色趕來貴陽，因為戰局的緊張，需要加強發動敵後的游擊作戰，以牽制日軍。於是戴笠命令陶一珊以別動軍副司令的身份，負責指揮別動軍在華中華南地區的各縱隊。

　　陶奉命後與梅樂斯、翻譯官劉鎮芳上校等於12月1日前往轉移到鎮遠的中美第二班。美方總教官杜普拉斯少校以及四分之三的美教官，均已隨同別動軍出發作戰，於是再轉往湖南的芷江，在機場與第十四航空編隊的「中美空軍混合聯隊」第五戰鬥機大隊取得聯繫，討論加強提供炸射目標情報和聯絡方法等事項，然後再向東行，與駐在桃花坪的第四縱隊第三支隊取得聯絡。

　　在獨山失守後的一天，游擊隊的情報人員，探明日軍運到大批冬季服裝，在寶慶附近大約有三英里面積大的庫房裡；另外還有幾百匹運輸馱馬，但防守頗為嚴密，即使出動在桃花坪的現有兵力，也無勝算，但如芷江的第五戰鬥機大隊參加戰鬥，庫房及守軍將是一個最好的攻擊目標。

　　中美聯隊第五戰鬥機大隊，原已在寶慶地區對日軍糧倉施以炸射，得此情報後，在中美所的兩位美員隨同引導下，冒惡劣氣候，和第四縱隊第三支隊取得陸空聯絡，將日軍的冬服和馬匹炸毀，間接地影響到日軍在貴州的部隊，致使日軍無法深入行動。獨山經過國軍的猛烈反攻，於12月8日克復，日軍退至河池。第四縱隊在桂柳會戰的三個月當中，作戰一百次傷敵約三千五百人，第二縱隊作戰五十二次，已造成牽制日軍的任務。

　　後來駐芷江的中美聯隊第五戰鬥機大隊全力炸射，趕來支持的

國軍陸空聯合作戰。在「湘西大會戰」中日軍敗退，湘西戰事終於結束了。由1945年4月10日日軍開始進攻，至5月23日日軍撤至岩口鋪以東，共計經過了四十三天。

後據統計，日軍傷亡慘重，掩埋的敵屍就超過一萬五千具，大批日軍被液體燃燒彈襲擊。有十餘宗屍體已燒成焦枯，無法辨認。馬匹屍體四千多具，其中經證實有聯隊長兩名，大中隊長十餘名，從屍體的傷痕來看，大都為空軍所擊斃。

武德

中美盟軍為何能衝鋒陷陣、視死如歸？梅樂斯認為：「這要歸功於武德教育的成功！」

梅樂斯不會忘記，在訓練營的每一次畢業典禮會上，戴笠總是面對臺下數千名畢業隊員，以他一貫固有的語調，在向他們灌輸思想：「對日抗戰期間，沒有全國軍民同胞奮鬥犧牲，又怎能光復臺灣呢？」戴笠強調：「在緬懷先烈英勇事跡，為可歌可泣的建國史實感到無比驕傲與光榮的同時，國軍官兵尤應效法先烈的豪情壯志，砥礪崇高的武德修養。」

他除了要求學員深切體認「軍人愛國家、愛百姓，保家衛國即使犧牲生命亦在所不惜的道理外，更必須將武德修養與犧牲奉獻的精神，融入平時戰備訓練之中，以無比的信心與堅強的戰鬥力，捍衛國家安全」。

梅樂斯記載了他親自參加的一次大會：

「一共有兩千以上的士兵，向著廟前廣場行進，集合好了之後，他們要深深彎腰，行五次鞠躬禮。一次向講壇上巨幅的孫中山先生遺像；一次向蔣委員長的畫像；然後分別向中國教官、美國教官；最後一次，是全體士兵相互行禮。」

他們端然肅立，都聽戴笠一次相當長的訓話。

他說:「你們應該特別注意到美國人的團體合作,並且要學到合作的方法。一個人比一個人,中國人可以做到美國人差不多同樣的工作,甚至有些事情我們可以做得比美國人還好。兩個比兩個,兩個中國人完成的事不見得比一個人多了多少,而兩個美國人卻可以做到兩倍甚至三倍的工作。至於說四個人以上,我們中國人就光說不幹,沒有人做事了。美國人呢,他們卻能建立一種新的生活方式。」

他的演說還沒停止,美國大兵就出了狀況,有一位美國藥劑師的助手竟昏倒了。這使梅樂斯想起他們在海軍軍官學校受訓時,每次參加武裝遊行,總難免有一兩個要倒下來。但是,「這些中國人身材都比我們美國人矮小,看起來也瘦弱得多,卻能一站好幾個鐘頭不動聲色」。據梅樂斯回憶。

在梅樂斯講話時,他先叫他們「稍息」,這一點得到美國大兵的歡迎。然後,梅樂斯講道,在中國,學校是受人尊重的地方。

工作本身正是最好的學校,鼓勵他們繼續加強訓練工作,以備隨時殺敵立功。

最後,到這一套長長的節目快結束的時候,有一個經過嚴格挑選,口齒清楚流利的學生代表致詞,答謝幾乎是每一個對學生們曾有些許幫助的人。

梅樂斯說:「我心裡想,如果我們美國也採取這種程序的話,說不定對於學生們的健康大有裨益呢。我們中美合作所的美籍教官們,常常想要在六週訓練課程之後,把結業典禮這個節目免去。」梅樂斯不以為然地表示:「中國人卻是把接受教導看得十分重要。」這樣才會有「尊師重道」的傳統。戴笠一直主張,正式的儀式不可節省,蓋如此才可以增進這些游擊健將的愛國教育。

當會晤新朋友時,梅樂斯常常被介紹為「梅將軍」,因為中國

語言中不適宜說「梅樂斯海軍上校或準將」那麼多周折的字眼。而且，他也被中國軍方授以陸軍軍階，因為戴笠堅持說，如果中美兩國要比肩作戰的話：「我就必須有適當的權力去指揮他們。」

梅樂斯是唯一的經由中國軍方授予軍階，並且正式就職的美方將領。梅樂斯說：「我獲得中國方面的軍職之後，再指揮這一支『聯合部隊』時，所有作戰的命令都由戴將軍和我兩個人簽署，並且同時下達給戰地的中國與美國的指揮官。」

在得到美國海軍軍令部長金恩上將的許可之後，梅樂斯才成了中國陸軍中的「梅花中將」，並以陸軍第二十五軍為梅樂斯所配屬的部隊。李海上將曾告訴梅樂斯說，在梅樂斯寄回華府的報告中，這一段事情曾使得羅斯福總統歡然大笑。

動與靜

梅樂斯記得一個炎熱的早晨，他們二人在批閱公文，事畢，戴笠決定帶梅樂斯一行人去郊遊。當美國人與中國人合群地出現在偏僻的郊外，梅樂斯他們路經山坡上一座道教的觀院時，梅樂斯不經意間問他對於道教信仰的瞭解。「清靜無為，靜觀自得。」他回答說。於是梅樂斯又問，「佛教思想如何呢？」「他們相信八件事情，」他說，「慈悲、誠信等，有點像基督教裡的十誡。基督教徒們相信如兄弟一般的友情和十誡。」

戴與梅他們駐足山岡，眺望原野，梅樂斯禁不住提議：「也許我們人類應該把全世界各類宗教都集合在一起，然後再加上孔子的教言，使各種思想的精華凝結在一起，豈不就是止於至善？」

戴笠聽後也禁不住哈哈大笑，他回答道：「讓我們打敗日本人後再說吧！」梅樂斯經常聽說戴笠對待部下執行的是威權主義，因

此他勸戴笠要學他的那一套民主方法。而戴一向講個人威信，民主思想似乎在他的腦子裡不多。

但戴笠另有看法，他也不希望部下怕他，所以也很少打罵和監禁甚至槍決部下，但是他說：「要使一個人不敢違抗長官的意志，最重要的還是紀律與愛國思想教育。」

梅樂斯趁這個機會勸說戴笠，告訴他應當學學美國的一套方式，不但要設法使部下口服，更重要的是心服。戴笠當時聽了也連連點頭表示願意接受，但中美兩國人治與法治的分野卻導致意見能夠統一但行動卻無法實現，梅樂斯寫道：「以後我也很少看到他能真正做到。」

不過每次當著梅樂斯面，戴笠對部下那種怒罵的態度有點收斂，而往往改用一些較嚴厲的字眼，說話時態度上稍微溫和一點，使人不易看出他在大發雷霆，然而仍然因為國情不同，梅樂斯認為：「這些話往往使對方聽了更為害怕。」

國士

中華傳統忠義精髓，才是戴先生讓同志們前仆後繼、犧牲奉獻的最大原動力！

在創建軍統時，戴笠既運用中國傳統的忠義觀，也引進孫中山的革命思想。無論多忙，每個培訓班戴笠都會當「班主任」，就像蔣介石對於黃埔軍校那樣。戴笠時常告誡部下，「軍統的歷史是用同志們的血汗和淚水寫成的」。更重要的是，「要甘為事業獻出自己的生命」。

戴笠常把軍統比作一個大家庭，並用傳統倫理以德相報，團結特工。戴笠向死亡的軍統特工父母支付喪葬費，照顧他們的孤兒寡

妻，他說：「軍統局是一個講仁義的地方，不是公家的一個單位。」

在忠義上，戴笠用自己的行動樹立了榜樣。戴笠的結拜兄弟王亞樵曾是10萬斧頭幫的幫主，後成為職業殺手，一心想殺蔣介石，而戴笠一心要保蔣介石，於是兩人決裂。

1936年戴笠首先逮捕了王的部下，利用部下的妻子在梧州約見王的機會，事先埋伏的軍統特務以石灰撒面，繼而槍殺了王。

然而對另一個忠於蔣介石的結拜兄弟胡宗南，戴笠寧願把自己喜歡的浙江警校美人送出國學經濟，以此把她培養成胡宗南期待的「像蔣夫人那樣」的妻子。

在網羅第一線特工時，戴笠找的多是受過武術訓練的俠義之士，就像《史記》裡刺秦的荊軻，《三國演義》、《水滸傳》、《江湖奇俠傳》裡放浪不羈、敢作敢為的遊俠。

戴笠常把功夫大師請到軍統局內，還經常用英雄豪傑的故事鼓勵眾人。

為了尋找江湖好漢，戴笠曾派人到浙江嵊縣和湖北襄陽等地招兵買馬，那裡窮山惡水、土匪游民橫行，後來戴笠也從中培養了很多愛國青年學生。

在軍統訓練班裡，學員要掌握射擊、爆破、下毒、電訊等多種技術，還必須接受三民主義、服從領袖等思想。戴笠從一開始就使軍統的嚴格紀律與對領袖的個人崇拜結合在一起，從而營造出一種特殊的政治文化氛圍。

在抗日時期，戴笠以「匈奴未滅，何以為家」、「針尖不能兩頭尖」為訓，規定戰時特工不許結婚，對於這點，梅樂斯從頭到尾堅決反對，但是後來也只有感嘆道：「這又是一個東西文明的差距吧！」

第十八章 危機

　　直到1942年年底，戴笠與梅樂斯之間的合作，以口頭的諒解為基礎，完全是「君子一言為定」的人格保證，卻也完成許多任務，戴笑著問梅：「靠民主與法治辦得了嗎？」

　　梅樂斯無言以對，但是仍不以為然，直到他吃盡了同僚的虧，才覺得光靠法治是不行的！

　　在他沒來東方之前，梅樂斯老是認為中國沒認真抗日，梅樂斯認為，美國海軍在太平洋的目的就是對抗日本人，但是，當他聽到了美軍「戰略處」這個單位之後，他馬上就懷疑到這個單位的任務，可能與他信任的英國人攪和在一起。

道歉

　　恰好戴笠也不信任英國人，一部分理由是，根據歷史原因，兩國之間過去百年多的戰爭和其他交往，中國人認為英國人是有罪的。

　　另一部分理由，可能是因為香港的英國當局在戰爭爆發之前，冒冒失失鑄成錯誤，未經法定程序，就將戴笠本人逮捕，送入監牢，可是，後來由於中國方面的要求，英國人不但立刻將他開釋，同時為了此一錯誤行動，向蔣委員長道歉。

　　狡猾的英國人不但欺負中國人，他們甚至連美國人也敢惹，就像英國人剋扣中美所的補給，究竟為了什麼緣故，受了什麼人的影響，梅樂斯他們的供應受到這麼多的阻礙？

　　在1943年的時候，梅樂斯還弄不清楚作祟的究竟是中國人、

英國人、戰略處、美國陸軍，還是由於運氣不好和不可理喻的意外。後來他漸漸相信，這樣做的打擊目標乃是戴笠。究竟是因為他不貪汙，不腐化或者權力太大，還是其他原因，梅樂斯說：「我始終懷疑，但真正原因就不得而知了。」

後來，有一段時間，吃英國人的虧太多了，他不得不承認：「盟軍陣營裡最不抗日的，我毫不懷疑就可以告訴你就是英國人。」

梅樂斯毫不猶疑地寫信給好友麥茲爾上校討論這個問題。他告訴他懷疑幕後一定有一種有組織的活動搞他們的鬼。當然，他們兩人對這事都很關切，兩人也都曾做過一些不正確的推測，梅樂斯說：「其中不止一次要向英國人採取行動了。」

梅樂斯坦言不懂政治，他說：「我懷疑英國人，因為政治對我完全是陌生的，而英國人處事的方法往往和我們不一樣。」他深信，英國人並不在乎美國人在遠東打勝仗。但梅樂斯懷疑他們會為了自身的利益，給他們下幾條絆馬索。

梅樂斯發現，在私人交談中，英國人都很友善，樂於助人，而且很隨和易處。他瞭解他們的語言、儀態以及他們的軍事習慣，「他們協助我，而我卻是衷心感謝中國」。

梅樂斯很尷尬，因為他剛到中國的幾個月，常常覺得在中國與英國利益的十字火網之下。「中國和英國都是我們的盟邦，我並不存心做左右袒。」但私底下他直言不諱他「喜歡中國人」。

在他看來中國人似乎有一種反英的心理，當然這是由鴉片戰爭以來逐漸累積起來的。中國人始終相信，英國人仍在企圖使中國分裂不寧。譬如說，當有人暗地支持雲南省政府主席，後來投共的龍雲，要他搞什麼「獨立」，由於雲南鄰近緬甸，中國人就懷疑有英國人參與。

英國人自然也曉得中國人不信任他們，但卻沒有想辦法予以澄清。他們當時在印度的問題正多，更不必說歐洲打得天翻地覆。據說，在最高階層，英國人已同意把中國方面的事交美國人來管。

　　後來，英國曾頗為遲疑，但最終還是決定與美國同時宣布，放棄享受多年的在華領事裁判權。

　　當梅樂斯探詢究竟戴笠為什麼不信任英國人的時候，得知他在珍珠港事件爆發之前曾被英國人逮捕。當時日本已對中國「不宣而戰」，日本人恨不得立即得到戴笠的人頭，於是就對香港警察施壓。戴笠是一個非常精明的人物，極少有人見過他的面孔。

　　英國秘密警察花錢收買了一個中國女人，她透過自己丈夫的關係偷偷地將戴笠的照片偷了一張去，戴笠本來是最不喜歡拍照的，照片不多，但不料這張照片傳到了英國人的手中。

　　由於中日之戰非常激烈，香港警務人員當然事事小心，提高警覺。當戴笠抵達香港走下飛機時，原認為香港應該是一塊中立的土地，想不到立即被捕，並送上警車開往監獄。

　　幸虧他有好多朋友在機場迎接。他們一看到戴笠被帶走，情知有異，本打算立刻採取行動，奪車劫獄。後來又經商議，決定還是透過外交途徑交涉。蔣委員長堅持英方立即釋放戴笠，並正式道歉。香港總督至此露面，使用了渾身解數力圖轉圜，他邀請戴笠前往港督府一敘。戴很禮貌地接受了邀請，但屆時卻並未光臨。原來他悄悄地辦完了事就飄然遠引了。他認為，香港警方與日本人保持「合作」，他們自然不會全力保護他。為免遭日本人所佈置的「意外」事件，戴笠早早脫身。

　　賴森與梅尼爾中校經過長期密切相處之後，曾經寫道：「在中國的戰爭，倒像是在盟國之間的戰爭，並不像是對日的戰爭。」

　　其實，美國也有對不起戴笠的記錄：

當開羅會議結束後，蔣介石夫婦的專機先行回國。羅斯福總統派往重慶的最高軍事代表史迪威將軍沒走，留下來就中國戰場和緬甸戰場的情況，繼續與羅斯福商量。史迪威與蔣介石失和已久，這在重慶高層已不是什麼秘密。

史迪威一開口就發牢騷：「總統閣下，你一定想不到蔣介石這人有多糟糕。他巴不得你調幾十萬美軍，到中國戰場與日軍拚個你死我活，他好保持自己的軍力，用以對付中共及其武裝……兩個月前，我計劃率中國駐印陸軍4個師反攻緬甸，打過野人山。蔣介石卻拒絕讓全副美式裝備的13個嫡系師，從滇西進入緬甸配合作戰。」

羅斯福聽著，雙眉緊鎖：「蔣介石先生太固執、太自私，一點兒不顧大局……跟這樣的人很難有效合作下去。我的上帝，這可真是個難題。」

羅斯福考慮再三，對史迪威下令：「我理解你的處境。你如果無法與蔣介石相處，又無法換掉他，那就一勞永逸地把他幹掉算了。」

幾天後，史迪威帶著總統的絕密口令返回中國，只向副手多恩準將做了傳達，指示他具體執行這一任務，代號為「藍鯨行動」。指令規定執行期限為三個月，逾期自動失效。

因為有戴笠的介入，指令失效了，謀殺一國領袖是任何獨立主權國家不能容忍的。雖然在開羅會議期間，羅斯福總統曾當面向蔣介石提出，希望能見一見這個中國的「希姆萊」。但是戴笠不能容忍羅斯福與史迪威兩人的卑鄙行徑，梅樂斯也曾警告過戴笠，英美兩國都不是真心地幫助中國打日本人，而是奪取蔣的兵權。這使他愈加感到對英美政客的厭惡，同時對梅樂斯更心存感激，戴笠認為梅樂斯是中國人的真正朋友，他對中國未來的前程關係太大，於是便更加合作無間了。

向FBI學習

　　1943年夏，梅樂斯他們開始從事「聯邦調查局學校的教育」，儘管規模很小還是引起了一片不滿之聲。梅樂斯甚至感覺道：「在我們自己的大使館裡，反對我們的聲音也很快叫囂起來。」

　　梅樂斯大惑不解，不懂同僚為何如此抗拒，他認為：「我把這門新的訓練課程，視為是對中國一項非常重要，而且是非常合理的服務。」

　　相反，戴笠對這個訓練，極為重視。他認為中國之所以落後，就因為中國所教的東西陳舊，跟不上時代，需要切合實用的技術教育。他總是說：「太多的古書，反而實驗室的工作不夠。我在占領區的最好的秘密工作人員，便是戰前我在杭州警官學校訓練的那一批警察。那個學校現在已經搬了，分散在好幾處，但在中國大部分的警察，都還是我訓練出來的人。在日軍占領南京時，是誰控制交通，在街道上清除他們的坦克和卡車的？是警察！日本人需要他們。」

　　日本人給他們薪餉，讓他們做他們所知道如何去做的事。可是，戴笠得意地說：「他們還都是我的人，對我們來說，這是非常切實的。是不是？」

　　「切實！」梅樂斯心裡想，對於這個情形，當然可以顯示出戴笠的能耐，但是用在敵後工作，梅樂斯懷疑僅靠警察還是不夠份量的。

　　「我隨時把我一部分的人調到自由區來，」他接著說下去，「於是我可以給他們一些指示，從他們方面知道一些日軍占領區的情形。」戴笠指出，中國警察與西方國家的不一樣，警察是什麼都

知道的。

「外國人時常奇怪，我們究竟是用什麼方法，在日本飛機一離開基地飛來重慶轟炸的時候，我們居然會立刻知道了的。」戴笠得意地揭秘：「這個答案很簡單。警察，我的警察，看著飛行員走進飛機場去，他們使用無線電通知我們。我們幾乎在飛機還沒起飛之前就知道了。」「但是中國戰後需要新的警察！」戴笠有時是很願意隨便談談，提出一些說明的，現在他就是這樣的情形了！

「中國在維持治安方面，過去曾經一度是世界上最先進的國家，」他繼續講下去，「但現在，幾百年來，它停頓了下來。在戰後，我們將需要一支受過良好訓練的現代警察。我希望我的那些年輕人，能受到聯邦調查局人員所受的那種訓練。他們需要訓練辨認犯人，把他們的照片編列檔案，辨識指紋，使用測謊器，從子彈分辨出所用的槍，以及所有一切最新的花樣。」

他對教他的部屬如何保護重要人物，包括外國人和中國人，不致受到暗殺的課程，很感興趣，但正像他的一貫作風，他是絕不空手求人的。

「這些人對於你們，也可能是很有用的，」他指出說，「你們給他們這些東西，這個訓練，你們也可以訓練他們，注意於你們所希望他們提出報告的任何事情，從各方面幫你們做可以有裨於贏取戰爭的工作。」

梅樂斯很明白，這些話，絕不是一個希姆萊或是一個貝利亞說得出來的。因為歐美人對於戴笠都有普遍的抨擊，因此，梅樂斯無時無刻不在搜索在中國的觀察家，堅持稱戴笠所主持的中國蓋世太保的證據。

可是這個此時對梅樂斯已經非常熟悉，他已很清楚認識戴笠，他所希望的是給他的警察受到一種現代的訓練。他對任何像灌水酷

刑和鐵鉗架之類的東西,「根本就沒有一點興趣」。

在梅樂斯覺得,他熱切希望為他的部屬提供現代訓練,加上他常特別提到需要用最進步的方法來緝捕犯人,照料犯人,應該使一般表示懷疑的人,提出抨擊的人,很可深信:「他在中國雖是一個非常有力的人物,但他絕不是一個淫虐狂。」

梅樂斯覺得戴笠對公正的觀念,自然是反映著他的中國背景和訓練,但他對別人的權利的瞭解很深。他說:「我越多見到他,便越使我的印象加深,根本就沒有一點真正的證據,足以證明那些提出我們的情報報告的人,所講到關於他的許多狂妄無稽之事。」

後來,事實證明外國人,尤其是西方人始終拿有色眼鏡看戴笠,他們的大使館和戰略處都極力反對他們為中國人所做的事情,說他們不應把在戰爭結束之後,可能對他們有用的東西提供給中國人。

梅樂斯推翻這種態度,他說:「我很樂意地說,這一點是我從未想到的事。」對日後發生他被調職、他的團隊被解散、屬下被打壓,梅樂斯事後仍生氣地指出:「我現在仍然認為,不論他們的目的如何,那種觀念與行為都是錯誤的。」

鋤奸

梅樂斯對中國人的意志力佩服不已,但是他要的是效果:「我們必須盡我們的力,來提出這個計劃。」他要求莊士敦把開辦這個學校所需要的東西,開了一張清單,梅樂斯便急急趕回美國。

因為在東方,什麼都缺,例如那邊已有一位醫生,但卻沒有儀器和其他工具設備,而且也沒有電力可以用來開動所需的設備,也沒有一點自來水,可以供實驗室和攝影部門之用。

但在這時候，梅樂斯在重慶紅岩快活谷所訓練的第一批一百個學生，已在替中美聯軍們工作了。梅樂斯他們最初的也是最重要的任務，便是捕捉向日本人通風報信的間諜，他們在陳納德將軍的飛機從昆明起飛時，把離港飛機數和目的地的消息走漏出去。

當美國海軍陸戰隊的霍爾康中校在1943年5月來到重慶，主持中美所的無線電攔截工作時，他讓大家放心他有辦法抓出間諜。

他立即開始著手研究一種方法來偵察這些通敵者的蹤跡，使梅樂斯很高興的是，他不但是追蹤高手，也是搞笑高手，也給快活谷的人增添了許多趣味，他學過華語和日語，肚子裡裝滿了一肚子關於這兩國的故事。

戴笠不久知道此事，便請他在灌飽了酒之後發表一篇演說，要他自己擔任翻譯。於是班克斯便把中國話、日本話、英語全部出籠，夾纏一起，亂湊一通，讓大家都能懂得他的胡謅，引得大家笑痛肚皮。戴笠常常把淚水都笑了出來。

梅樂斯很欣慰士氣不錯，他想：「我們的無線電設備雖然僅比空想好出一點，但我對我們的人，頗有信念。」因此，在大後方不重視中美所的氛圍下，梅樂斯主動請纓，他回憶：「我多少不嫌自陋的毛遂自薦，建議由我們來幫陳納德將軍，肅清昆明裝有無線電設備的間諜。」

他當然接受了，於是梅樂斯他們第一批到達的無線電電務長泰德·懷爾特曼，便出發從事一項聽起來幾乎是不可能做到的任務，他應用他的拼湊而成的不夠標準的設備，在一個風俗習慣完全不同，政治風氣狂暴，有一種完全無法瞭解的語言的地方，搜索一批組織嚴密的間諜無線電臺。

懷爾特曼業已表現了他的極大天才和精力，以及他與中國人非比尋常的敦睦關係。他也懂得如何運用測向器，而且自修學會了收

取日本人在無線電通訊中很普遍應用的片假名。

他沒有測向器，當然造成了一個困難問題，但他很快地用竹子和戴笠從各地撤退來的損壞了的無線電收報機，做成了一套他所需要的東西。接著，他便和十來個中國幫手就近在附近地區做了一次試驗，終於很快地找到了一座在重慶的間諜無線電臺。這就給他們增添了一點信心，他們確定他們已能應用這個設備來找出第十四航空隊走漏消息的根源了。

昆明是問題的中心，因此，懷爾特曼和他的一批中國部屬便一同去昆明，設置了兩座固定電臺、一座流動電臺，他們收聽著在他們的設備所能收到的一切無線電訊，挑出任何可能把消息傳給敵人的電報。

那邊有數百套無照的收發報機，但其中許多都是合法的，因為商人們往往沒有別的方法可以互通消息。但現在由一個來自科羅拉多州，不懂中國話的青年和一批不會講英語的熱情愛國的中國人所組成的小組，居然表現出了他們深知合作的三昧。

中國長期戰爭的結果，昆明已有迅速龐大的擴張，因此，在這人口擁擠的城市，根本就沒有一張城鄉地圖。但陳納德將軍為他們製成了一幅極為精緻的空中測量地圖，同時他們便在這段時期中間，找到一個地方，來安置他們自己以及他們的設備。

他們所構造的部分設備，是一輛木造車身的卡車，用來作為他們的流動收報臺，他們憑著這座流動收報臺，便可配合兩座固定收報機，得到一種「確定的地位」。但他們進行這個工作，必須非常小心仔細地避免牽涉到當地難以理解的政治──他們對政治雖然毫無興趣，當地的政治情勢，雲南的省政府與昆明的市政府根本是分立門戶，不相往來的。這就使雙方都避免給我們幫助，因為深恐如此便會互相幫助了對方。

經過幾個星期慎重仔細的收聽，弟兄們把當地一些可疑的電臺——特別是在機場附近的——列出了一個單子。於是一個中國弟兄化裝為賣花生的小販，裝作毫無目的地在附近走來走去，另外一個孩子化裝成了一個磨刀的，也採取了同樣的活動。他們耐心地把一座座具有合法業務的無線收音機分別剔除，最後，他們終於把這份單子縮小到五座電臺。

第十九章 亮劍

　　他們發現，那些間諜所用的密碼非常巧妙。那種密碼根本就不是片假名，結果證明卻是中文，這些電臺假裝是一些銀行的電臺，播出一些商品價格和外匯行情。至此，戴笠在昆明的代表李將軍把這份工作接收過去。他立即出動，將所有五座電臺一網打盡，還抓住了三十五個漢奸。

解密

　　因為懷爾特曼和他的一批中國屬下還沒法確定，他們是否已將整個間諜網全部找出，因此梅樂斯便暫時不把這個消息報告陳納德，但據後來檢查，這個問題已經解決，至少是暫時的解決。

　　於是梅樂斯便把這情形告訴了陳納德將軍。但在他收到梅樂斯的報告之前，他已知道他的飛機已能幾乎完全通行無阻地到達預定目標。

　　「我還有一個場所可以供給你發揮。」當有一次梅樂斯見到陳納德時，他含笑地開玩笑般的對梅樂斯說。「想到那個反應，我真沒法瞭解，美國大使館的約翰·戴維斯。」陳納德懷疑他也是搞潛伏的。

　　梅樂斯說，他有個中國名字叫範宜德，但是他不解：「他為什麼竟會那麼成功地抨擊著我們？」最後經過同樣的「手法」梅樂斯終於恍然大悟：「原來我為戴將軍的人所辦的警察訓練班。」

　　戴維斯曾幾次三番地對梅樂斯說，他希望到快活谷來跟他談談，可是梅樂斯沒法答應他。由於戴笠的要求，他們曾有過協議，

除了他們自己組織中的人外,在快活谷決不接待任何人。

因此,梅樂斯總是說:「我會進城去找你,免得你長途奔波。」梅樂斯便偶爾去和他會了面,跟他談談,談得很痛快,因為他是一個很風趣的人,對中國情形很熟悉。

但在當梅樂斯他們順利地解決了陳納德將軍的間諜問題後,梅樂斯再和他會面時,他告訴梅樂斯說,他是史迪威將軍與梅樂斯之間的聯絡官(但那是不可能的)。他是國務院的職業外交官,當時是史迪威的政治顧問,但他並不是軍人。

「約翰,」梅樂斯回答說,「那是根本沒有的事。史迪威將軍是一個訓練有素的軍人,他是絕不會派出一個文職人員,來擔任與另一個軍事組織的聯絡人的。而且,他已同意接受喬伊·萊柯擔任中美合作所的聯絡官。你不能派遣聯絡官,你只能審查派出的人是否可以接受。」

這些談話對他究竟留有多少印象,梅樂斯並不知道。不過,梅樂斯知道,這些話並沒能制止他繼續說下去,他接著提出了另外一些他所希望講出的事,就算是從史迪威方面傳來的話。

第一,他說,史迪威將軍對於梅樂斯為中國訓練警察的事,很不高興。據他解釋,美國絕對不應參與中國的警察活動,他告訴梅樂斯說,將軍已將此事通知了國務院。

梅樂斯相信,這是說,他自己將此事傳給了國務院,只是用了史迪威將軍的簽署。梅樂斯知道那不像是喬老叔史迪威的作風,照他的做法,如果他要向另外一個上司提出任何不滿的報告,他必然就會先把梅樂斯找去,讓梅樂斯提出他的意見,「因為我們私交不賴,公事上他還是我的領導,他當然會直接找我!」梅樂斯補充說。

戴維斯不管這些,接著說,史迪威將軍不喜歡戴笠,戴笠和蔣

委員長就要下臺了！梅樂斯始終不知道這種奇談是哪裡得來的，當然這樣的事從來沒有發生過。但他還並不到此為止。

事實上，彷彿他急於一吐為快似的，他告訴梅樂斯說，史迪威將軍對於他的工作很不滿意，因為梅樂斯並沒為他取得足夠的情報。又說，將軍很失望，因為梅樂斯「並沒做點工作」，來找出在昆明機場附近活動的間諜。

這時，梅樂斯對史迪威將軍的為人，確已知之甚深，這些話根本沒有一點像是出於他。梅樂斯很有把握可以確定，這些完全是戴維斯的說法。因此，梅樂斯便設法把戴笠的警察，以及他們目前對美國的極大用處，略為向他提出一點說明：這些「警察人員」就是他們的諜報人員。他們帶來各種對美國人、盟軍極為有用的軍事情報。梅樂斯強調：「如果我們能順利地訓練出更多的人，我們就能得到多得多的有用數據。」

麻煩還沒完，美國海軍情報處，也就是梅樂斯的頂頭上司鄧諾文將軍的訪問，讓戴笠自己又陷入了麻煩。

一系列的事件使宋子文和蔣夫人對總司令的「間諜王」疏遠起來，包括在國民黨秘密警察機構裡發現了康生的潛伏人員，在中國取消了特別行動執行隊，以及華盛頓對軍統採用蓋世太保模式不斷增長的抱怨，等等。

結果，當「野比爾」鄧諾文於1943年12月2日到達重慶時，他發現戴笠的地位已非堅不可摧，對梅樂斯而言「當然不是好消息！」

儘管如此，鄧諾文仍受到隆重歡迎，包括在重慶警察協會舞廳裡舉辦的滿場英語流利、舞姿嫻熟女士的招待會。緊接著招待會的是在戴笠公館裡的宴會。鄧諾文竭力保持清醒，但他完全低估了自己的對手，輕視了外交上的禮節，認為對方不過是一個「具有中世

紀情報工作概念的平庸的警察」而已。

鄧諾文以他典型的直率告訴中國的這位秘密警察首腦：「假如美國戰略情報局得不到戴笠合作的保證，那他們將會獨自在中國開展工作。」戴笠聽了勃然大怒，這簡直是對中國主權的嚴重侵犯，他以警告的語氣說：「我將處死任何一個在中國領土上、在中美合作所以外活動的戰略情報局特工。」對此，鄧諾文拍著桌子叫道：「你每殺一個我們的特工，我們就會殺死你們的一個將軍！」

「你不能這麼對我說話。」戴笠吼著。

「我就這麼對你說話。」

然而，鄧諾文有口無心，一旦他把心裡話說出來，戴笠倒鎮靜了下來，兩個人旋即又握手言歡。

宴會的次日，鄧諾文將軍見了蔣介石。對他們的談話，沒有太多的記錄，但梅樂斯從擔任鄧諾文翻譯的劉鎮芳那裡收集了談話的要點。

據劉所講，委員長告訴鄧諾文──這位新任美軍戰略情報局主任，請他注意，他是一個友好國家的高級代表，在這場盟國反對共同敵人的戰爭中，他在一個既是異國又是友邦的國家裡運作。

蔣介石嚴肅表示：「我們中國是一個主權國家，希望你承認這一點。」肖將軍隨後在旁補充：「美國人要求盟國怎麼在你們的國家裡活動，我們也要求美國人怎麼在我們國家裡活動。」

梅樂斯也覺得鄧將軍的言行嚴重失態，不可思議，因此勸他說：「你不會讓另一個國家的特務進入美國並開始活動。你應該會堅決反對吧？」

同樣，梅樂斯提醒他說：「他們中國人也反對一個外國特務或情報機關，進入中國並背著中國人工作。」梅樂斯想到戴笠的脾

氣：「請記住，這是一個主權國家，我們的一舉一動都在戴笠監視之下，請你注意到這一點。」

但是鄧將軍還是不滿梅樂斯，梅樂斯不得不苦口婆心地勸說：「我想指出，在我們與中方合作的『警察活動』中，已有三分之一以上都是從事於協助史迪威將軍的工作。」梅樂斯還特別提出了一點在他認為非常明顯的事作為說明：「你絕對沒法用美國諜報人員來在中國捕捉間諜。」

他例舉在機場抓漢奸的工作，梅樂斯說他們的中美盟軍已經搜捕到了，那些使陳納德將軍遭受極大麻煩的間諜。他們這個工作，憑藉的正是各種七拼八湊的設備和那批「警察人員」的幫助。

梅樂斯無限感慨地說：「我對他說，在我認為，如果他能給我們一點援助，自然要比他的批評有益得多，特別是如果他能幫忙，從駝峰那邊多運一些供應品給我們的話。」

梅樂斯不知道海軍總部對他的話究竟聽進了多少。梅樂斯心裡想：「我只知道我實在並不樂觀。」他曾寫了一封信說：「我所深喜的約翰·戴維斯，我想他已改變態度反對我了。」

梅樂斯自然很覺煩惱，為了確切明了他的處境，他向史迪威將軍做了一番查核。結果，他對戴笠的才能、欽敬之心，絕無改變，在他過去所一貫對他的支持，也一如其舊。

但梅樂斯的中美兩邊的友人，不斷提醒他有人找他麻煩，他無奈表示：「我也知道，在大使館方面正在不斷施壓，要把我調開中國。」

嚴格地說，梅樂斯當然仍舊隸屬於大使館，有一個「海軍觀察員」的身份。在他最初向高斯大使報到時，他曾對他說，「我所奉到的命令是口頭的命令，而且是機密的。」很明顯，一個並不受他節制的海軍觀察員，於他的大使館是絕無實際幫助的。

在另一方面，梅樂斯深深相信，他們所進行的那樣一種工作，以工作的性質而言，即使他們真知道了，在大使館方面，也絕無因此不安的理由。

因此，梅樂斯便儘量地把美國人為中美合作所做的每一件事，通知他們，希望能因此解除他們對戴笠這個人物所存的猜疑之心。他覺得，他們反對「我們的『警察部隊』，完全是一個名稱的問題，因此，我們便把『警察』這個名詞去掉了」。

梅樂斯所講到的這些事情，都還是在1943年，在他與戰略處尚未「脫離關係」之前的事。但是現在戰略處對他們在這方面所做的訓練工作，也在提出批評了。

以戰略處本身所從事的業務來說，他們竟會反對中美所訓練中國的工作人員，真是無法令人相信的。當華盛頓戰略處開始接到一個個拍來的電報，警告他要把他們所給中國人的訓練，限制於為執行戰爭所實際需要的「最小範圍」時，梅樂斯說他「終於使我懷疑到了戴維斯跟戰略處是有緊密關係」。

戴笠也很同意他的想法。

「也許我們應該設立一個訓練班來研究這個問題。」因為，那天梅樂斯心中正在想著有關訓練課程的問題。「我們已經受過訓練了，」戴笠的話很使梅樂斯驚奇，「第一期已經畢業，第二期也進行了一半——我說的是第一次與第二次世界大戰。」

兩人的私交到了這一步，鄧諾文除了同意把戰略情報局的正式事務，暫時交到梅樂斯手中外，別無選擇。

然而，與此同時，這位情報局主任開始探索，在中國越過梅樂斯和戴笠以外，建立獨立的情報業務的其他可能性。

在中美合作所內部，戰略情報局的十來個常規人員歸約翰·考林上校領導，而梅樂斯則繼續指揮海軍人員，他因此在戰爭結束時

晉升為準將。在中美合作所之外，鄧諾文和威廉·蘭格——戰略情報局研究部主任，與陳納德將軍於1943年12月會見，探討建立一支特別的第十四飛行隊來收集戰術情報，以確定敵方目標，但是直至戰爭結束也沒啥戰果。

天生高手

慧眼識人，精心栽培，這是梅樂斯對戴笠的印象！

梅樂斯認為，戴笠看人具有高超的洞察力，他派給梅樂斯的幹部讓梅樂斯都留下了極佳的印象。

其實，早期每個特工戴笠都要親自考核面談，把其用在合適的地方。比如來自戴笠家鄉的姜毅英，透過簡單問話後戴笠發現她具有男人的英勇和女人的細心雙重性格，於是重點培養她，最後她成為當時國民黨唯一的女少將。

再比如被譽為軍統「四大金剛」之一的沈醉，第一次見到戴笠還只是一個18歲的孩子，不過戴笠從他強健的體魄和精神抖擻的眼神中看出他是個特工好料，19歲就把他提拔為少校行動組長。沈醉殺的第一個人就是自己手下一個叛徒。當戰戰兢兢的沈醉想到戴笠所說「這是為國鋤奸，為民除害」時，終於用一把帶有劇毒的尖竹刀，在叛徒屁股上紮了一下，那人就「莫名其妙」地死了，戴笠直誇他幹得好。

據同事說，沈醉努力鑽研，很快成為「軍統第一名探」，他隨手三槍就能打死三隻老鼠，在擒拿、格鬥、綁架等方面也都是能手。在一次追捕敵偽時，沈醉中彈受傷，但依然咬牙堅持，事後戴笠問起，沈醉說：「我如果倒下了，後面的人肯定來救我，那敵人就會乘機跑掉！」

有「藍色007」之稱的國民黨第二代間諜王沈之岳，也是戴笠發現的奇才。沈學識淵博，會英語和俄語，戴笠親自說服他加入軍統，1938年他被派到延安刺殺毛澤東。不過他是否是雙面間諜，至今還是個謎。

1939年當上海軍統遭受重創時，戴笠找來從來沒有做過特工的小學同學姜紹謨，在短短幾小時的談話中，無師自通搞諜報的戴笠把自己的心得體會傳授給他，結果姜在上海的情報活動非常成功。

這說明戴笠的用人眼力和點撥的確高人一等。在諜報工作中，戴笠總是用鼓勵、指點，而不是命令的方式強迫部下去幹危險的事。戴笠自己就是個不怕死的人。在淞滬會戰時，戴笠白天在上海指揮部署，晚上還冒險開車到南京彙報。

一天他被大雨淋得濕透了，高燒了三天三夜，當別動隊培訓班的人來彙報工作時，戴笠糊里糊塗地抓起枕頭下的一大把錢，要這人去做套中山裝好上戰場。當來者問他還有什麼吩咐時，戴笠好像明白了點，掙紮著爬起來搖搖晃晃地抓起筆，吃力地寫了三個字「不怕死」。

這也算是戴笠一生的寫照。

色戒

梅樂斯與戴笠朝夕相處達三年之久，幾乎可以說同吃同睡，長期的近距離觀察，他覺得戴笠不是外間傳說的貪財好色之徒。

傳記作家良雄在《戴笠傳》也舉例說，戴笠深夜曾會面二位貌美而裝束入時的女子。當時流言漫天。其實一位是駐外使節夫人，一位是臺灣志士翁俊明所安排與工作有關的日本大學生，皆非外界

所想像的那回事。

但是，梅樂斯是男人，他瞭解戴笠並非不近女色的柳下惠，其妻毛秀叢因癌症死後，從此鰥居，未再續弦，自然會有寂寞的時候。不過，梅樂斯說他「擁有若干女人」的傳聞，是毫無根據的。

梅樂斯聽傳他確有女友，據說是他的屬下，但在朋友勸告下資送留學，因為她與戴笠的好友甚好，因而和她斷絕關係。直到抗戰勝利，謎底才揭曉，好友就是號稱「西北王」的胡宗南。

家喻戶曉的鄭蘋如烈士，是最能說明戴笠處理兩性關係的。

鄭蘋如是浙江蘭溪人，1918年生。父親鄭英伯，原名鄭鉞，早年留學日本法政大學，追隨孫中山奔走革命，加入了同盟會，是國民黨的一位元老。

鄭英伯娶妻日本武士道家族木村花子，結婚後返回中國，曾任上海復旦大學教授及江蘇省高等法院首席檢察官等，育有二子三女，鄭蘋如是他第二個女兒。

鄭蘋如中日混血，天生麗質，從小聰慧過人，跟母親學得一口流利的日語。哥哥鄭南陽，醫學出身，英俊挺拔。小妹鄭靜芝，一如乃姐美麗，可謂一家皆傑出。

然而中日關係惡劣，讓有一半日本血統的鄭蘋如很難過，但是父親的愛國心與母親的識大體，從小五兄妹就分辨得出大是大非，不會為個人而忘國家。

此時日本狼子野心昭然若揭，甲午戰爭得逞後，食髓知味，即磨刀霍霍，蓄意侵略中國，揚言「三月亡華」。先是1931年的「九一八事件」，占領了瀋陽和整個東北。繼而1936年的「盧溝橋事件」，兵臨北京城下。終於激起中華民族齊聲怒吼，奮起用頭顱熱血，築成新的長城，掀起了抗日救亡，八年抗戰的全民運動。

其時，身為時代精英的鄭英伯，感受全民愛國熱潮的激盪，毅然不顧身家性命，放下「知識貴族」的身段，因有留日背景，復因與陳果夫、陳立夫有人際因緣，決然受邀參加「中統」的情報組織，以堂堂大學教授和首席檢察官之尊，屈就一名普通的情報人員，投身抗日的情報戰。

因受父親愛國行動的影響，嬌美如花的鄭蘋如，也就在國家民族大義的感召下，接受了戴笠的要求，成了一名「中統」的情報人員。

是年，鄭蘋如19歲，是上海法政大學的在校學生。在法政大學，鄭蘋如是「校園美女」。投身抗日情報戰，鄭蘋如成了上海灘的「社交名媛」。她驚世的青春笑顏，曾上過當時全中國最為暢銷的《良友》畫報的封面。

憑藉中日混血的天生麗質，複利用母親出身日本貴族的社會關係，很快鄭蘋如即打入侵華的日軍高級官佐和日本皇族的社交圈，周旋於侵華日軍的核心幕僚群，從中探取重要的日偽情報。

如漢奸汪精衛早期與日本人勾搭的內情，以及爾後叛逃河內，等等，鄭蘋如都膽大心細、冷靜機智地從敵人的內部源源不斷地挖情報出來。

大漢奸丁默邨，由國府情報機構軍統局叛逃，對「中統」與「軍統」的情報部署與運作，瞭如指掌。於是，國共兩黨的情報人員連連被捕遇害，情報組織連連被破除瓦解，遭受打擊極大。為此，國府當局下令不惜一切代價，儘早除去這個十惡不赦的叛徒丁默邨。

丁默邨性好漁色，戴笠想到在古時的三十六計中，欲除色魔，唯用「美人計」。機緣巧合，鄭蘋如中學時曾就讀民光中學，丁默邨曾任該校校長，二人有師生之誼。於是，這撲殺色魔漢奸，艱巨

而且難堪的任務，就落到了鄭蘋如的身上。

鄭蘋如色誘丁默邨實在有如耶穌釘上十字架，無可迴避，又如地藏王菩薩，鄭想：「我不下地獄誰下地獄？」為國除奸，不惜冰清玉潔，嬌貴麗質，處子之身，鄭蘋如毅然接受了這一殘酷慘烈的神聖任務。

依借美色復有師生情誼，果如所料，鄭蘋如一近身，丁默邨即陷入粉紅陷阱，著迷其中。在酒色溫存之間，除奸本是勝券在握，成功指日可待。奈何鄭蘋如畢竟年幼，「七十六號」魔窟，丁默邨老奸巨猾，欲除奸魔，豈是等閒？終因調配失誤，事機不密，遂功敗垂成，致使鄭蘋如烈士竟以身殉，死時年僅二十三歲。

戴笠聞訊哀慟不已，數日未食，梅樂斯親眼目睹也感動萬分，對日後兩人的傳言，他不但怒斥其非，而且仗義執言，以親身所見為他倆辯誣。

長江一號

戴笠的另外一名值得讚佩的特工是化名「長江一號」的李鐵生。時間是20世紀末，地點是臺灣高雄的一家醫院，臥病在床的一位病人就是他。

有媒體詢問李鐵生：「李爺爺，你就是名聞遐邇的「長江一號」嗎？」躺在高雄市立醫院病床上八十六歲的李鐵生，表情激動地點點頭。據媒體報導，一向不提當年勇的李鐵生，似乎終於在要走完人生道路前承認了。

李鐵生因心臟腫瘤和肺炎引發併發症，住進高雄市立大同醫院後，連日來包括李鐵生的老部屬和對歷史故事有興趣者，在探視李鐵生之餘，更樂談長江一號傳奇。長江一號的話題一時令人津津樂

道。

究竟長江一號如何而來？誰是真正的長江一號？李鐵生有「三不」原則：一不談抗戰時期的往事，二不聽日本人的事，三不看日劇。和李鐵生結婚五十多年的太太說，長江一號的名號跟著李鐵生數十年了。李鐵生生病前，常有人向他敬禮，尊稱他一聲「長江一號」，但李鐵生始終沒有親口承認「我就是長江一號」。

當記者的二兒子，都不曾從父親口中問出任何有關長江一號的消息，倒是李鐵生住院後，拗不過二兒子死纏爛打，首次以口述歷史方式受訪，侃侃而談從軍歲月，特別聊到抗戰期間的情報工作，露了點口風。

他說：「我痛恨日本侵華才報考黃埔軍校，那是當時熱血青年普遍的心情！」

李鐵生曾提及，1937年抗日戰爭爆發時，他剛從河北省第七師範學校畢業，因痛恨日寇侵華，瞞著家人報考黃埔軍校，由於他是獨子，家人曾堅決反對，但基於報效國家的民族大義，忍痛答應。軍校畢業後，李鐵生受過兩年訓練，馬上從事上級交付的情報任務。當時友人都不解李鐵生念軍校，卻執意走上高危險的情報路。

抗戰當年，日軍直撲長江，進攻武漢後，沿著長江兩岸，一路勢如破竹，國軍在江面佈滿水雷，成為「長江一百八十里封鎖線」，日軍若想掃除水雷障礙，打通沙市、漢口、白螺磯一段的長江航道，首先必須攻占湖北省古容城的監利縣，而防守監利縣的自衛武力，只有五千名地方自衛部隊及數百名諜報人員。

在這場攸關國家存亡的情報戰中，李鐵生在「疾風特工工作站」扮演關鍵角色，李鐵生和同志當年出生入死執行「死橋計劃」成功地讓日軍攻勢受阻。

李鐵生回憶，當時他在湖北省監利縣的工作，主要是執行「死橋計劃」。此計劃是日軍發動攻城後，監利縣集結全部兵力在縣內五座大橋的兩岸，俟日軍先頭部隊渡過最後的「兆豐橋」時，我方即分段炸橋，將日軍軍力分散，然後一舉將敵人殲滅。

　　不過這五座橋是古蹟，炸橋計劃多次被反對，經李鐵生一再闡釋計劃的重要，才付諸實行，而且經由李鐵生和同志們的努力，不但使日軍在長江中游的攻勢受阻，而且也使重慶的中央政府，得以洞悉日方在華及汪逆偽軍的兵力狀況。

　　政府從武漢撤退到重慶後，李鐵生仍率領近卅名諜報人員留在武漢對抗日軍，蒐集軍事情報並進行破壞。李鐵生負責第九戰區情報任務，活動範圍包括武漢、湖北、湖南、江西等長江地區。

　　李鐵生在敵後工作期間，日寇及汪偽政權均視他為頭號眼中釘，傾全力逮捕他，他曾被日本人抓了兩次，十根手指頭被刑扁過，脊椎也受重創，身上仍留有明顯的刀疤及烙痕。

　　因此李鐵生和當時情報人員都是豁出性命出生入死地執行「死橋」和「詭路」兩計劃。情報人員無畏生死，為國盡忠，有如走過「死橋」般，有去無返。

第二十章 間諜王

雙面諜

　　戴笠不僅僅靠著這些忠肝義膽的同志，與敵偽周旋，他還善於利用雙面諜這種大內高手，從敵人的內部打入，獲得了輝煌的戰果。

　　當抗戰初期戰事不利，城池一座座淪陷，重慶政局危機四伏，國共關係陷入膠著，處在重慶凜冽的政治寒冬中的戴笠，一籌莫展，一位名叫林頂立的閩南年輕人，意外闖進了他的視線。林頂立生於臺灣，擁有日本戶籍，他的身份是日本特務機關特高課高級特工。

　　這個人的身份比較特殊，他是所謂的臺籍日本人。在1895年以後，臺灣被割讓給日本，臺灣人具有日籍身份。但是在臺灣島內，日本人是歧視臺灣人的，把他作為二等公民看待。

　　但是日本又利用臺灣居民和大陸漢族，具有同一民族語言文化相同的特點，派到中國大陸來從事諜報工作，林頂立祖籍閩南，說得一口流利的閩南話，日本人就派他到廈門工作。

　　講得一口流利日語的林頂立，從少年時期就被日本黑龍會（日本軍國主義組織，成立於1901年）在臺灣的組織吸收，不久轉入警視廳。林頂立因精通各種特工手段，做事機警敏捷，熟悉華人情況而不斷得到重用，1931年便成為日本特高課的高級特務。

　　林頂立到廈門目睹了國軍抗日的堅苦卓絕，他當時打算，一旦有機會到大陸就反正過來，他在一九二幾年就曾經找到國民黨這個機構，要求投到國民黨這方面來，他是有兩次投國民黨經歷的。

第一次，國民黨這邊就給他掛了個號，沒有吸收他進來。當他榮任日本特高課的高級特務時戴笠才得知是在自己這兒掛號的。戴笠一看，覺得天上掉下來餡餅，掉下來了一個特高課的高級特務，太好了，戴笠叫他啥事都別做，「就待在特高隊吧」！

在接下來的幾年裡，林頂立憑藉著機智和幹練，逐步晉升為福建廈門日軍特高課負責人之一。

從此他成為戴笠口袋裡的一枚棋子，一個潛伏在敵人內部的我方情報員。

林頂立曾經投考過黃埔軍校，只可惜沒有被錄取，但是他認識了不少國軍軍官，間接瞭解了國府對日本的作戰原則，「以拖待變」、「以空間換取時間」。之後，林頂立轉而打入日軍特務機關特高課。

但是林頂立實際上對漢奸深惡痛絕，一度設計潛入大陸，投報黃埔軍校，卻因中國政局動盪，無法發揮只好再返回臺灣。在這段期間，林頂立結識各路人馬，如臺灣黑道大哥林仔滾，福建黑道大豪羅又章等，組成了閩臺地區著名的黑道組織——十八大哥，林頂立排行十一，稱「十一龍頭」。

隨著日軍侵華的深入，林頂立這樣在中國黑白兩道通吃的人才，更得到進一步的重用。日軍派遣林頂立前往剛剛攻占的廈門，擔任日本在福建的最高指揮人員——澤重信的副手，作為日軍切實掌握福建沿海地帶的重要棋子。

對林頂立在日華戰爭中的諜報工作，有相當細微而入目的描述。瞭解情報工作的人，認為他是東方諜報史上如同變色龍一樣的神秘人物。而林頂立真正的傳奇，是他在抗戰中的經歷。

林一平、林介之助、林頂立、十一龍頭、金門半山，都是林頂立在不同場合使用的名字或者代號。他公開的身份，是日本在臺灣

警視廳特高課的高級特務，擁有日本國籍，名字叫做林介之助；而他真實的身份，則是中國在日本特高課中最出色、最隱蔽的雙面特工。

澤重信，1899年生於大阪，士官學校畢業後轉入陸海軍特種訓練班，長期在總部設於臺北的「大日本南支派遣特務機關」工作。已在日本警視廳特高課任職的林頂立，透過臺灣黑道大豪林仔滾的引見，與當時最關鍵的人物東江縱隊司令陳策將軍會面。

1937年抗日戰爭爆發後，陳策兼任虎門要塞司令，負責廣東沿海防衛，數次擊退日本海軍的攻擊。1937年更誘使日軍登陸虎門，在海上擊斃日軍數百人。

1939年陳策來到香港，出任國民政府駐港全權聯絡代表，統籌在香港進行的抗日工作，包括建立地下抗日力量。林頂立遂借此機會，透過林仔滾的介紹，先訪香港，拜謁陳策將軍，提出攜帶日軍機密情報反正。

1939年初秋的一個晚上，陳策忽然得到臺灣黑道大豪林仔滾的一份密信，說要介紹一位朋友和陳策單獨談談。這位朋友的名字叫做林介之助。

來自日本特務機關——特高課。見到陳策，林頂立用標準日本式的謙恭微微鞠了一躬，用流利的漢語自我介紹道：「我，叫林一平，我希望回重慶參加抗戰，請您多關照。」

對於林的這樣一個要求，陳策最初的反應是不敢相信。要知道抗戰以來被日軍特高課和76號漢奸機關破壞的中國特工機構不計其數，被捕特工也無數，而特高課的大特務上門，這還是第一次！

陳策不愧老奸巨猾，他一面穩住林頂立，一面火速聯繫軍統香港站站長王新衡，也是蔣經國留俄的同學。當時國民黨的特工機構奉行「公開掩護秘密，秘密運用公開」的原則，所以林頂立找到陳

策,也就和軍統拉上了關係。

王新衡很快回報:此人可信!原因是軍統實際上1932年就和林頂立有過聯繫,那時的軍統還沒有正式成立,戴笠曾經接觸過林頂立,並且瞭解他的意願,可惜,由於很快就爆發十九路軍在福建造反的事件,雙方失去了聯繫。

大內高手

陳策將軍在確認林頂立身份後,立即將他介紹給軍統方面。戴笠得到林頂立,如獲至寶。能夠有潛伏在日軍中的情報人員,又是深受廈門市府興亞院負責人澤重信倚重的幕僚。他果斷地決定,林不要暴露身份,立即前往福建上任,並任命林為軍統閩南站臺灣挺進組組長。

當年底,軍統特工設法為林在廈門設立了秘密電臺,從此,高質量的日軍情報源源不斷從林頂立處匯入軍統。這樣一個原特高課高級特工的反正,其價值對中國方面來說不可估量。

戴笠這個人和一般的特務不太一樣,他的確是有間諜王的風範。他使用林頂立使用得非常好,他始終不要求林頂立給他提供任何情報,就是「你能拿到什麼,你就給我什麼」。

直到中日偽鈔戰進入白熱化時,戴笠才驚奇地發現,這枚當初佈置的閒棋冷子,卻處在如此關鍵位置,是難得的雙面間諜。

當雙方偽鈔戰打得火熱,林頂立所在的特高課,正是負責查禁中儲券偽鈔的機關,關於中儲券的一切情報,都會從林頂立手中經過。

那麼從此以後,他利用自己身份的便利,把汪偽中儲券每一批貨幣的形態,在第一時間通知大後方,戴笠從敵人內部打入的計劃

就實現了。

戴笠的經濟戰打得不壞，靠的是內部有人，像偽鈔戰，林頂立他將情報傳回來以後，往往是日本人這邊真鈔還沒投放市場的時候，重慶那邊偽鈔已經印出來了。因為重慶偽鈔是有美國技術在做支撐、幫助的。

當時日本物資匱乏，在日本人工作還沒有做好之前，這個偽鈔已經印出來，投到市場中去了，日本人打算搞垮國府經濟的企圖，因林頂立的反間諜而破功。

正當林頂立的情報活動順風順水的時候，1941年一名廈門軍統周邊人員被捕，隨即招供出了軍統廈門站的活動行蹤。日軍特高課駐廈門負責人老特務澤重信發現，特高課內部有中方特工混入，命令屬下林頂立展開調查，林頂立知道自己的身份隨時都有可能暴露。

他就馬上通報戴笠，說這邊已經受到懷疑了，現在應該趕緊回重慶。

可是他這個位置太重要了，這個人不單是一個敵後的釘子，他還是敵後的一個財神爺，戴笠捨不得。戴笠想辦法把他留在這個位置。林頂立說沒辦法了，除非把他上邊這個日本特務幹掉。

林頂立一面鎮定自若地繼續工作，一面給軍統殺手提供澤重信的活動規律，澤重信喜歡到舞廳跳舞，林頂立便將一名女特工，安插到線人經營的蝴蝶舞廳任職。1941年10月26日，澤重信剛從舞廳興沖沖地跳完舞出來，隨著兩聲槍響，澤重信應聲倒地，當場斃命。

澤重信被成功擊斃之後，軍統方面透過特高課內線林頂立，更多獲取了技術情報，借助於美方技術，建立秘密的印刷廠。最終印製出的大量足以亂真的偽中儲券，經敵後偷運到了江西、安徽等

地，加劇了敵後區經濟的崩潰，日本以金養戰的計劃破滅了。

是敵是友

正如美國特工卡爾·霍夫曼少校在1944年7月向鄧諾文將軍彙報的那樣：這個秘密警察網歸功於戴笠的組織天才、足智多謀、巧妙狡猾，以及巨大的個人勇氣和魅力。

梅樂斯在日記中形容戴笠：

「他不乏個人魄力，許多見過他的人都證明他顯而易見的吸引力。他緊抿著的嘴，一雙離得很近但卻鋒利的眼睛時時顯露出威嚴的風度。

「他四十多歲，中等身高，健壯結實，軍人風度，而且無疑顯得非常權威。

「在社交上，他可以十分迷人，令人愉快，而且樂於合作。」

「儘管他在馳騁中國履行自己的職責時可以是鐵面無情的，」梅樂斯一句句讚賞的話，把戴笠形容成了是當代中國的一個傳奇人物，令人敬畏。「而這一切，」梅樂斯寫道，「都是出於對他所堅持的隱藏各人、發揚團隊精神的尊重」。

總而言之，到了1945年，這位「間諜王」已經達到了他政治權力的頂峰：一座建築在戰時中國秘密經濟結構之上的大廈。

梅樂斯認為，戴笠身為中國最高特務首腦，管理著數萬特工，這份沉重的工作如何應對，結果他發覺戴笠用的是中國古老的哲學。梅樂斯說：「我從來也沒想到戴將軍還是個哲學家。」梅樂斯講的話絕非一時即興之談。有一次兩人出外野餐，當他們坐下來同進野餐時，梅樂斯止不住要猜想，究竟在他那精明而高深莫測的心

中，還有多少這一類的想法。

仁與義

　　他的思考這時卻又被戴笠另外一個問題占據，可能是由於他們豐盛的野餐所引起，戴笠感嘆道：「在我們的部隊中，弟兄們的肉食似乎太少了。」

　　在戴笠的堅強指揮之下，中美聯軍的游擊部隊絕不準徵用糧草。當能夠用錢買時，他們就去買，否則就自備食物，攜糧而進。當行軍接近敵人時，就嚴禁舉火。戴笠不是鐵石心腸，他始終在想著如何解決戰友們的伙食問題。後來，戴笠因聽到杜諾萬與哈理威講了些什麼，他得到一個印像是維他命藥片加上水，就可以解決他的給養問題。只要有這兩樣，別的什麼也都可以不要了。

　　這個荒唐的想法讓梅樂斯大吃一驚，這顯出戴笠的現代營養學是多麼的缺乏，也看出當時落後國家的領導階層是如何的智慧不足，雖然出發點是善意的，但是會因一時的衝動而鑄成巨大而無法收拾的錯誤。為此，梅樂斯又不得不「費了若干的時間去解釋清楚」。

　　戴笠仍不願放棄「研究」維他命藥片，後來，梅樂斯強迫他「放棄」研究，「我們的討論轉向於脫水食物和壓縮食物。」這的確是很高明的想法，可惜他們因為極端缺乏適當的設備，所以仍是不切實際，一場空談而已。

　　但是，雖然想不出代替食品，最後他們卻想出了一個保存食物的辦法，由他們自己設計出一種帆布袋，像香腸一樣用來運載糧食。這種布袋，直徑約三寸，裡面可以裝滿煮熟了的米——每一袋米可以夠一個士兵三五天的食用。

那天晚上,美國專家們開始著手試驗。將米煮熟後,用米紙包起來以保持其清潔,然後在日光下曬乾。他們試驗了各種不同曬乾的方法,設計了不同大小的口袋。最後,他們終於製成了令人滿意的產品,並且順利地裝進了帆布包中。

試驗的結果的確是「實際可行」。一直到戰爭結束,他們的部隊都是攜帶著這種糧食口袋——他們把這條「香腸」吊在頸子上,好像打領帶一樣,但是不久梅樂斯就從戰地農村看到,「許多中國人早就用這種辦法處理食物了」。

科學的頭腦也許戴笠不如梅樂斯,但戴笠的特工專業程度卻令梅樂斯望塵莫及。

梅樂斯跟著戴笠不知走過中國多少地方,其中有一次讓梅樂斯看到戴笠的機智與決斷。

那是一次他們中美聯軍在第二大隊營地的工作完結之後,於5月14日上午啟程東行。兩天之後,到達瀏陽。戴笠似乎嗅到了什麼,他的頭抬得高高的,眼睛亮亮的。梅樂斯被告知:「我們立即前往戰區司令長官的總部。」

他們在回到住處之前,走遍了每一家茶館和麵店。梅樂斯敢斷言,戴笠對於敵方的行動極為敏感,正好像人家說:「一個幹練的新聞人員得有『新聞鼻』一樣。」

梅樂斯相信,戴笠對於日本人的動靜已經有所預感。他們從一家茶館蹓躂到另一家茶館,叫茶買麵,把隨身帶的零錢全都花光了。他們所要探求的只是一種氣氛以及市井間的傳言,其中包括一些新聞,足以引戴笠做成他個人的決定。

梅樂斯一直都和戴笠在一起,梅樂斯既沒有聽到更沒有看到有任何足以引人炯戒的動靜。但當他們要離開最後一家茶館,起身回到他們的住所時,戴笠語調堅定地對梅說:「日本人開始活動了,

他們這次出動的力量不少。」

那天是1944年5月16日傍晚。當時幾乎沒有一個人知曉，當梅樂斯以十萬火急的速度，將他們知道的情報報告上級之後，美軍駐華總部根本不信。事實是，日本人已經開始推進，來打通走廊了。他們開始行動是在5月8日。中美合作所的第二大隊，他們剛剛在兩天之前離開那個隊部，戴笠情報之靈「早在我們美國空軍發現敵人行蹤之前，就已經看到了前進的敵軍蹤跡」。

隨後美國人最先看到這股向前推進的敵軍的，是剛剛奉令出任第二大隊隊長的班奈特，出納官毛禮斯·倪，還有醫護兵團的柯金斯醫生。他們在5月11日到達長沙，未發現任何敵人進撲的跡象。

但是到了16日，戴笠告訴他最新敵軍動態，梅樂斯緊急用無線電發報給他們，警告他們暫時不可進行任何在長沙設立長久性的醫療單位的計劃。其後數日，長沙遭到日方飛機多次的輪番轟炸。

5月28日，班奈特上尉與隊上的唯一無線電務員泰斯，離開長沙，南下衡陽，要去設法取得一艘汽船予以武裝。柯金斯醫生留下來暫時主持在長沙附近江流中一個小島上的基地；據他說，他曉得城中「擠滿了」日方的便衣人員。

因此，他就買了一條二十尺長的舢舨，打算在日軍進犯而萬一情況緊急之時，就用這條船來運送他的人員、藥品設備以及他自己，渡江後再向山裡面撤退。雖然傳說中日方前進部隊距離長沙不到一百里，但城中並沒有什麼焦慮不安的現象。日軍過去曾兩度進犯長沙，都遭擊潰了。這時，柯金斯醫生仍然保持著他的幽默感。他為他新買來的那條「逃命的船」命名為「恩妮瑪」，也就是醫生們所用的「灌腸器」的意思。

但是在突然之間，猶如冷水澆頭一般，看到了日軍前哨已經到

達了他們這一處香山的基地。毛禮斯‧倪，他以前是喬治鎮大學的足球選手，堅持說當他一眼發現了敵人時，撤退就跑，即造了一項一里賽跑的新紀錄。班奈特上尉與泰斯等，匆匆準備將第二大隊撤離。

梅樂斯感慨，美國出動那麼多的飛機，動用龐大的雷達，結果竟然不如用兩腳跑出來的情報，這些都是中國人穿草鞋的泥腳，他寫道：「看來這又是一項中美文化上的差距！」

國家圖書館出版品預行編目(CIP)資料

暗戰 / 劉台平 著. -- 第一版.
-- 臺北市 : 崧燁文化,2018.09

　面 ； 公分

ISBN 978-957-681-637-6(平裝)

1.中美關係 2.中日戰爭

578.2　　　107015125

書　名：暗戰
作　者：劉台平 著
發行人：黃振庭
出版者：崧燁文化事業有限公司
發行者：崧燁文化事業有限公司
E-mail：sonbookservice@gmail.com
粉絲頁　　　　　　　網　址：
地　址：台北市中正區重慶南路一段六十一號八樓815室
8F.-815, No.61, Sec. 1, Chongqing S. Rd., Zhongzheng Dist., Taipei City 100, Taiwan (R.O.C.)
電　話：(02)2370-3310　傳　真：(02) 2370-3210
總經銷：紅螞蟻圖書有限公司
地　址：台北市內湖區舊宗路二段121巷19號
電　話：02-2795-3656　傳真：02-2795-4100　網址：
印　刷 ：京峯彩色印刷有限公司（京峰數位）

　　本書版權為九州出版社所有授權崧博出版事業股份有限公司獨家發行電子書繁體字版。若有其他相關權利及授權需求請與本公司聯繫。
定價：400 元
發行日期：2018 年 9 月第一版
◎ 本書以POD印製發行